Karlheinz A. Geißler

Enthetzt Euch!

Karlheinz A. Geißler

Enthetzt Euch!

Weniger Tempo – mehr Zeit

S. Hirzel Verlag Stuttgart

Ein Markenzeichen kann warenrechtlich geschützt sein, auch wenn ein Hinweis auf etwa bestehende Schutzrechte fehlt.

Bibliografische Information der Deutschen Nationalbibliothek
Die Deutsche Nationalbibliothek verzeichnet diese Publikation in der Deutschen Nationalbibliografie; detaillierte bibliografische Daten sind im Internet über http://dnb.d-nb.de abrufbar.

ISBN 978-3-7776-2357-3

2. Auflage 2013
1. Auflage 2012

Birkenwaldstraße 44, 70191 Stuttgart
Printed in Germany
Einbandgestaltung: deblik, Berlin
Satz: satz & mehr, Besigheim
Druck & Bindung: CPI, Ulm

www.hirzel.de

Für Lou (6 Jahre),
der es gelungen ist, das Rätsel der Zeit zu lösen:

Die Leute suchen die Zeit,
aber sie finden sie nicht,
weil sie im Kopf ist –
gleich neben den Träumen.

Inhalt

Dass für die Zeit ein Wort existiert, heißt nicht, dass es sie gibt.

Zeit ist immer

Ticken wir noch richtig?

Es geht um Zeit, und wenn's um Zeit geht, geht es um nichts Geringeres als ums Leben selbst und um das, was die Welt im Innersten zusammenhält. Alle, ausnahmslos alle sind wir Zwangsabonnenten der Zeit – ein Leben lang. Solange die Menschen Anspruch auf ein glückliches Leben anmelden und dabei der Meinung sind, selbst etwas dazu beitragen zu können, reden und schreiben sie über Zeit. Nicht zuletzt auch, weil sie mit dem Sachverhalt nicht klarkommen, dass die Uhren ihnen das regelmäßige und kontinuierliche Vergehen der Zeit versichern, ihr Gefühl ihnen jedoch etwas ganz anderes sagt. Doch Vorsicht! Lässt man sich dann mal gedanklich auf die Zeit ein, denkt länger und intensiver über sie nach, sieht man sich unweigerlich mit der Gefahr konfrontiert, dass einem am Altar der Gewissheit einige Lichter ausgeblasen werden. Andererseits, und das gibt dem Denken, dem Reden und dem Schreiben über Zeit seinen Sinn und verleiht ihm erst seine Legitimität, sind es die ausgelöschten Lichter der alten Gewissheiten, die zur Suche nach neuer Erleuchtung ermuntern.

Der Mensch nimmt, wie bekannt, unter den vielen Lebewesen dieser Welt eine herausragende, besondere Stellung ein. Als Einziger nämlich spart er Zeit. Und das tut er, seit er der Leidenschaft verfiel, die Zeit nicht nur zu leben, sondern auch zu organisieren und zu managen. Seine Leidenschaft zum Zeitsparen ist es in allererster Linie, die ihn von allen übrigen Lebewesen, die diese Erde bevölkern, unterscheidet. Bei den dem Menschen stammesgeschichtlich am nächsten stehenden Tiere, den Affen, ist die Zeitspar-Leidenschaft bisher jedenfalls noch nicht festgestellt worden. Könnten und würden sie Zeit sparen, wären sie Menschen.

In Europa und in Nordamerika ist Zeitsparen heute zum Volkssport Nummer eins geworden. Für nichts anderes nimmt man sich so viel Zeit wie fürs Zeitsparen, das die Gegenwart einer Zukunft opfert, die nie wirklich eintritt. Kulturen mit geringerem Güter- und Geldwohlstand ziehen es hingegen vor, die Zeit zu leben. Sie sparen sich das Zeitsparen. Das taten bis vor circa 600 Jahren annähernd alle Menschen dieser Welt. Erst seit es mechanische Uhren gibt, übt man sich im Zeitsparen. So richtig populär wurde das Zeitsparen aber erst während jener Zeit, die wir die Zeiten der Industrialisierung nennen. In der gleichen Zeit wurde auch der Leistungssport erfunden, und zwar in England. Dort nannte man ihn zutreffend „matches against time". Vorausgegangen war diesem neuen Umgang mit Zeit ein fundamentaler Wandel des Zeitverstehens und des Zeitverständnisses, der Umstieg von der qualitativen zur quantitativen Zeit, von der Naturzeit zur Uhrzeit.

Glaubt man an Statistiken, dann zählt es zu den mit viel Leidenschaft kultivierten Schwächen des Menschen, besonders gerne und ausführlich über Sachverhalte und Dinge zu reden, die er vermisst. An erster Stelle gehört dazu die Zeit. Und so ist es kein Wunder, dass er über sie besonders gerne spricht und sich in diesem Zusammenhang mehr als es eigentlich notwendig wäre beklagt, keine zu haben. Menschen mit einer großen Begeisterung fürs Zählen und für Zahlen fanden heraus, dass es sich beim Wort „Zeit" um das im Alltag – nach „Mama" – am häufigsten gebrauchte Substantiv handelt. Weit gefehlt jedoch wäre es, diesen Sachverhalt als den Ausdruck einer besonders großen Zuneigung zum Phänomen „Zeit" zu interpretieren.

Hört man näher hin, scheint eher das Gegenteil der Fall zu sein. Die Menschen reden gerne und viel über Zeit, weil sie nicht mit ihr zurechtkommen. Sie leben in der Zeit, bewegen sich in ihr wie Fische im Wasser, haben aber immerzu das Gefühl, sie nicht recht zu verstehen. Es scheint fast so, als redeten sie umso mehr und umso ausführlicher über die Zeit, je weniger sie mit ihr zurechtkommen. Was schließlich dann zu der etwas paradoxen Situation führt, dass sie bei ihren ausufernden Klagen über ihren Zeitdruck häufig unter Zeitdruck kommen. Mit der Folge, dass sie nie Zeit finden, sich in entspannter und lockerer Atmosphäre darüber Gedanken zu machen, auf welche Art sie sinnvoller, befriedigender, produktiver und im doppelten Sinne auch „Zeit-gemäßer" mit der Zeit, aber auch mit sich, ihren Lieben und der Natur, zu der sie gehören, umgehen könnten. Und so müssen wir uns wohl oder übel damit abfinden, dass die vielen Zeitgenossen und Zeitgenossinnen, die sich über die Zeit Gedanken machen und über sie reden, in den allermeisten Fällen gar nicht über Zeit reden, sondern sich nur über ihre Zeitprobleme beklagen, um sich bei ihren Gesprächspartnern zu versichern, dass es diesen nicht anders geht.

Das große Zeiträtsel

Nicht nur auf großartige Erfindungen, herausragende Kunstwerke, grandiose Erzählungen und kluge Gedanken kann die Menschheit stolz sein, auch auf ihre großen Rätsel. Zu den ältesten und allergrößten zählt das der Zeit. Augustinus bereits musste akzeptieren, dass das Rätsel „Zeit" nicht lösbar ist. Über 3000 Jahre bereits stellt die Menschheit der Zeit die Frage: „Wer bist Du?" Ebenso lange war sie nicht bereit zu antworten. Seit ihrer Geburt hat sich die Philosophie um eine verallgemeinerbare, überall gültige Antwort auf die Frage „Was ist Zeit?" bemüht. Bis heute jedoch hat sie diese nicht gefunden. „Wenn mich niemand danach fragt", seufzt der desillusionierte Zeitsucher Augustinus „weiß ich es, will ich es aber einem Fragenden erklären, weiß ich es nicht."

Ganz ähnlich, nur kürzer, die Auskunft eines Dreikäsehochs, der einem neugierigen Fernsehmoderator auf die gleiche Frage einmal antwortete: „Ich weiß es, kann es aber nicht erklären."

Es gibt nicht nur eine, es gibt viele Antworten auf die Frage: „Was ist Zeit?" Und viele gibt es nur deshalb, weil wir die Antwort nicht wissen. Die Zeit hat sie uns bisher verschwiegen. Trotz dieser wahrscheinlich sogar klugen Ratlosigkeit hat sich eine nicht geringe Zahl von Wissenschaftlern, vornehmlich handelt es sich dabei um Philosophen und Physiker, aber auch einige Romanschriftsteller und Lyriker zählen dazu, nicht von der Suche nach substanziellen Antworten auf das große Rätsel „Zeit" abhalten lassen. Obgleich selbst die klügsten unter ihnen dabei vielfach an die Grenzen ihrer Erkenntnis- und Ausdrucksfähigkeit gelangt sind, haben sie ihren Nachgeborenen tiefe Einblicke hinterlassen, was diejenigen, die sich heutzutage über „Zeit" Gedanken machen wollen, in die komfortable Lage bringt, nicht mehr am „Nullpunkt der Erkenntnis" beginnen zu müssen.

Es existiert heute eine nicht mehr überblickbare Zahl von Beschreibungen und Definitionen dessen, was „Zeit" ist bzw. was als solche definiert wird. Keine davon jedoch ist so überzeugend, dass andere Zeitbestimmungen nicht auch plausibel wären. Außerdem existiert bisher keine einheitliche, umfassende Theorie „der" Zeit, zumal es berechtigte Zweifel gibt, ob es eine solche überhaupt geben kann. Kurzum, kein Mensch kann unwidersprochen behaupten, er hätte, wenn's um Zeit geht, mit seiner Meinung recht oder er wisse darüber umfassend Bescheid. In solchen Situationen wächst bekanntlich die Neigung, es sich etwas einfacher zu machen. Dabei muss man es nicht gleich so weit treiben, wie der Mathematiker Lambert es machte, als er am 13. Oktober 1770 Immanuel Kant in einem Brief mitteilte: „Die beste Definition wird wohl immer die sein, dass Zeit Zeit ist." Es waren mit hoher Wahrscheinlichkeit die Widersprüche und die Rätselhaftigkeiten des Zeitphänomens, die Lambert bei seinen Studien in die Resignation getrieben haben.

Doch niemand ist gezwungen, sich ihn zum Vorbild zu nehmen. Interessanter, lehrreicher und zuweilen auch amüsanter als die Kapitulation vor den Schwierigkeiten ist das Interesse, sich den Unvereinbarkeiten, den Paradoxien und den geheimnisvollen Seiten der Zeit zu stellen. Am leichtesten fällt das, wenn man akzeptiert, dass die Zeit, wie das Leben ja auch, weder eine Lösung noch ein Ziel hat und dass sie beides nicht braucht. Zeitverstehen war niemals ein leichtes Unterfangen und wird auch niemals ein müheloses sein. Und das nicht etwa, weil die „Zeit" ein so weit entferntes Phänomen ist, sondern weil sie den Menschen so nahe wie nichts anderes steht. Niemand kann sich, ohne das Leben zu gefährden, von ihr distanzieren. Man kann sie denken, mehr oder weniger systematisch, oder auch nicht. Doch was man nicht kann, ist sie wegdenken. Denn sie ist, so nachzulesen bei Kant, die Bedingung allen Seins und allen Tuns.

Entscheidet man sich für die intellektuelle Annäherung an das Phänomen „Zeit," dann ist der gerade, der direkte Weg der am wenigsten ergiebige. Weiter kommt man bei der Zeit nur auf krummen Touren, die, wenn man sie begeht, auf noch krummere Touren führen. Wirklich zu fassen bekommt man die Zeit selbst nicht auf diesen. Das gelingt nur jenen bedauernswerten Personen, die, meist gezwungenermaßen, die Zeit Tag für Tag auf ihren Stechkarten zu „erfassen" sich bemühen. Doch auch mit dieser Prozedur „erfasst" man nicht die Zeit, sondern man „erfasst" nur sich selbst und macht sich so zu einem gut abgerichteten Polizeihund der Zeiterfassung.

Das nun verweist auf den Sachverhalt, dass der Mensch die Zeit nicht hat, sondern die Zeit ist. Mit der Zeit ist es nicht anders als mit dem Leben, man hat es nicht, man ist es. So gesehen liegen diejenigen richtig, die zu allen möglichen und unmöglichen Gelegenheiten behaupten, sie hätten keine Zeit. Das stimmt insofern, als der Mensch keine Zeit hat, doch nicht, weil er so viel zu tun hat, sondern weil er die Zeit selbst ist. Das wiederum heißt, dass er all das, was er der Zeit antut, sich selbst antut. Zeit ist nämlich die Bewegung des Lebens selbst. Nicht die Zeiten sind gut oder schlecht, wir, die Menschen, sind es. In den Worten Robert Musils: „Man kann seiner eignen Zeit nicht böse sein, ohne selbst Schaden zu nehmen." Keine oder zu wenig Zeit hat der Mensch ja nur deshalb, weil er zeitlich, also sterblich ist. In den Worten eines mittelalterlichen Wanderpredigers: „Oh Mensch, wo eilest Du hin. Warum nur schreitest Du so schnell und hastig davon. Warum nur suchest Du immerzu die Zeit, wo diese doch in Dir ist. Du selbst bist die Zeit. Und wenn Du stets an ihr vorbeiläufst, verlierst Du Dich selbst. Bleib stehn! Und suche nicht mehr länger die Zeit. Finde sie – in Dir."

Der Mensch ist, so gesehen, Zeit auf zwei Beinen. Zeit, das ist nicht nur eine Beilage an der Tafel des Lebens, sondern dessen Voraussetzung. Es sind diese Lebendigkeit der Zeit und diese Zeiten der Lebendigkeit, die sie zu einem immer wieder faszinierenden Phänomen machen und das Nachdenken über sie so an- und aufregend.

Der Zeiten sind viele

Zeit existiert nur im Plural. Es gibt nicht nur eine Zeit, es gibt viele Zeiten. Wir kennen die Schnelligkeit, die Langsamkeit, die Aktivität, das Ruhen, die Veränderung, die Stabilität und ganz ganz viele andere Zeitqualitäten mehr. Alles hat seine Zeiten und alles hat seine unterschiedlichen Zeiten. Die Dinge, die Abläufe, die verschiedenen Systeme, sie alle besitzen ihre je eigenen Zeitqualitäten und verlangen diese von ihren Nutzern. Es gibt keinen sinnvollen Grund, in Marokko schneller unterwegs zu sein als mit der Geschwindigkeit eines Esels. Eine Barocktreppe hat eine andere Zeit als eine Rolltreppe, eine romanische Kirche eine andere als ein Kaufhaus, eine Landstraße ein anderes Tempo als die Autobahn. Wir reden, wenn wir schnell miteinander gehen, anders und auch über Anderes als beim gemeinsamen Schlendern durch einen erholsamen Stadtpark. Jede Straße, jeder Stadtbezirk, jede Gesellschaft, jede Firma signalisiert und offeriert ihre je eigenen zeitlichen Bewegungsanweisungen, auf die seitens der Anwesenden reagiert wird. So gibt es eindeutige Hinweise darauf, dass Passanten ihre Schritte in grünenden und blühenden Umgebungen verlangsamen, sie dagegen in schmalen Straßen mit hohen Häusern beschleunigen.

Die Psychologen sprechen in diesem Zusammenhang von „Affordanz“ und benennen damit den Aufforderungscharakter der Umwelt im Hinblick auf eine bestimmte Form des Handelns, in unserem Zusammenhang auf die des Zeithandelns. Die Gegenstände, die Dinge, die soziale Mitwelt, die Umgebungsatmosphäre senden mehr oder weniger still, aber eindringlich Botschaften aus, im Hinblick auf das, was man tun und wie man sich verhalten soll. Ein Sessel, eine Sitzbank, ein Stuhl fordern beispielsweise zum Hinsetzen, manchmal auch zu einer Pause auf, eine Espressobar, ein Stehtisch dagegen zu schnellem Konsum. Breite Straßen provozieren den Druck aufs Gaspedal, krumme Wege, enge Kurven hingegen zum Gegenteil. Auch die Geschwindigkeiten der Kommunikation sind von solch stillen aber wirksamen Botschaften abhängig. Das Rationale dient der Beschleunigung, der Zeitkontrolle und der Zeitverdichtung. Das Gefühlvolle, das Emotionale, das Soziale hingegen tendiert zu Verzögerungen, zu Abschweifungen, zu Umwegen.

Der zeitsinn-lose Mensch

Der Mensch hat bekanntlich keinen Zeitsinn und er besitzt auch kein Organ zur „Zeitmessung“. Was jedoch nicht heißt, er wäre dazu verurteilt, sinnlos mit der Zeit umzugehen. Er kann, der Grund fußt auf der Tatsache, dass er keinen gesonderten Zeitsinn besitzt, die Zeit nur indirekt, über Zeichen, Botschaften und Symbole wahrnehmen. Männer zum Beispiel nehmen die Zeit spätestens in dem Augenblick als bedrohlich wahr, wo sie feststellen, dass ihnen die Kopfhaare ausgehen. Frauen wiederum in den für sie schockierenden Momenten, wo sich ihre ersten Falten abzeichnen. Der den Menschen fehlende Zeitsinn zwingt sie dazu, die Zeit, oder das was sie dafür halten, mithilfe ihrer vorhandenen fünf Sinne, also auf Umwegen wahrzunehmen. Dabei handelt es sich aber nicht um die Zeit, die sie dann wahrnehmen, es sind nur Zeichen, denen sie den Charakter der Zeitlichkeit zuschreiben. Machen wir uns den Spaß und spielen es einmal durch:

- Der Mensch ist ein zeitblindes Wesen. Er bekommt die Zeit, so wie sie ist, nicht zu Gesicht. Keinem, ausgenommen jene Phantasten, die der Meinung sind, sie an der Uhr ablesen zu können, ist es bisher gelungen, die Zeit zu sehen zu bekommen. Wenn man die Zeit schon nicht sehen kann, so kann man zumindest sehen, dass man sie nicht sehen kann – ein spärlicher Trost.
- Hören lässt sich die Zeit, zumindest in Reinform, auch nicht. Was wir hören, sind Zeitsignale. Die am meisten bekannten sind Glocken, Klingeln und der Kuckuck. Doch die machen keine Zeit, sondern Töne. Die Zeit selbst lässt sich nicht hören. Sie macht, das müssen wir annehmen, keine Geräusche. Sie kommt und geht lautlos – und das ist wahrscheinlich gut so.
- Auch riechen lässt sich die Zeit pur nicht. Selbst die Personen, die behaupten, sie hätten den rechten Zeitpunkt „gerochen", müssen in diesem Moment etwas anderes gewittert haben. Doch nur, weil man die Zeit nicht riechen kann, muss man sie ja nicht gleich, wie das nicht selten getan wird, bekämpfen oder gar totschlagen.
- Zeit lässt sich weder greifen noch ertasten. Nicht mal, und das hat damit etwas zu tun, lässt sie sich, wie Zeitmanager immer wieder hartnäckig behaupten, in den Griff bekommen. Versprechen in dieser Richtung sind stets davon bedroht, haltlose Versprecher zu sein.

- Lässt sich die Zeit dann wenigstens schmecken? Fehlanzeige auch hier. In reiner Form jedenfalls hat sie noch niemand zu schmecken bekommen. Indirekt jedoch kann man ihr auf den Geschmack kommen. Und es ist nicht der schlechteste Weg, das mit gutem Wein und exquisitem Käse zu versuchen.

Einen weiteren, einen sechsten Sinn, ein sechstes Sinnesorgan, besitzt der Mensch nicht. Das kann man bedauern, man kann es aber auch für ein eklatantes Versagen der Evolution halten. Doch könnte es sein, es ist sogar wahrscheinlich, dass sich die Evolution dabei etwas gedacht hat, als sie den Menschen den Zeitsinn vorenthielt. Was sie sich dabei jedoch gedacht hat, das ist so wenig bekannt, wie die richtige Antwort auf die Frage, was Zeit sei. „Manches", so Goethes trostreiche Worte, die auch an dieser Stelle passen „können wir nicht versteh'n. Lebt nur fort, es wird schon geh'n!"

Da wir Zeit nicht sehen, nicht hören, nicht schmecken und anfassen können, sind wir Menschen gezwungen, uns ihr über Umwege anzunähern. Zu Beginn der Menschheitsgeschichte richteten die Menschen dazu ihren Blick vornehmlich zum Himmel. Sie beobachteten den Lauf der Sterne, die Kapriolen des Wetters, die Veränderungen des Klimas und den mehr oder weniger regelmäßigen Wechsel des Naturgeschehens. Später dann, als die Menschen die Zeit vom Himmel auf die Erde geholt hatten und der Leidenschaft anheimfielen, die Zeit, von der sie nicht wussten was es ist, zu messen, blickten sie, um in Erfahrung zu bringen, wie spät es ist, auf selbst konstruierte Geräte und Instrumente, die sie Kalender und Uhren nannten. Ihr fehlender Zeitsinn zwang sie dazu, sich die Zeit und deren Verlauf über den „Umweg" räumlicher Unterteilungen zu veranschaulichen. In demonstrativer Art und Weise geschieht dies beim Abreißkalender, der jedes Jahr übergewichtig beginnt, um, dem Suppenkaspar folgend, von Tag zu Tag dünner zu werden, bis er schließlich, seinem Vorbild nacheifernd, am Ende des Jahres das Zeitliche segnet. Der Taschenkalender schreitet, zwanghaft wie er nun mal ist, von einer Spalte zur nächsten, macht optisch alle Tage gleich, mit Ausnahme der Sonn- und Feiertage, denen er ein rotes Festtagskleid verpasst.

Die Uhrzeiger wiederum durchschreiten einen ihnen vorgezeichneten Weg auf dem Zifferblatt völlig stur und unabhängig von allen noch so dramatischen äußeren Ereignissen. Sie weichen, zwanghaft wie sie sind, weder vom Weg ab noch schauen sie sich jemals um, und zur Seite blicken sie auch nie. Und doch richtet sich der Mensch an ihrem Gang aus. Der Mensch ist das einzige Wesen, das stets dann, wenn's um Zeit geht, auf die Uhr schaut.

Alles das wurde im Laufe der Zeit so selbstverständlich, dass viele, wohl die allermeisten Menschen die Instrumente der Zeitmessung heute mit der Zeit selbst verwechseln. Das geht dann sogar so weit, dass sie bei der zweimal jährlich stattfindenden offiziellen Manipulation der Uhrzeiger im Frühjahr und im Herbst, in einem Anflug von Größenwahn, von einer „Zeitumstellung" statt von einer Uhrumstellung, um die es sich in Wirklichkeit handelt, sprechen. Eine „Zeitumstellung" mag vielleicht wünschbar sein, machbar ist sie jedoch nicht. So wenig, wie der Finger, der auf den Mond zeigt, der Mond ist, ist die Uhr die Zeit. Die Uhr versteht so viel von der Zeit wie der Kuckuck von der Uhr. Der Chronometer ist eine von Menschen gemachte Hilfskonstruktion, eine Art Prothese, um „Zeit" sichtbar und kalkulierbar zu machen. Über das Wesen der Zeit, ihre Qualitäten, gibt die Uhr nicht die geringste Auskunft. Zeigerverlauf und Zifferblatt verleihen der Zeit der Uhr eine künstliche Gestalt, die auch ganz anders aussehen, eine völlig andere Form haben könnte.

Aber auch durch die so geschaffene Möglichkeit, an den Zeigern drehen zu können, verwandelt sich die Zeit nicht etwa in einen Gegenstand, in ein Ding, das dem menschlichen Manipulationsinteresse in beliebiger Art und Weise zur Verfügung steht. Sie ist, wie Albert Einstein einmal formulierte, nichts anderes als „eine Denkweise, die wir benutzen". Die Uhr dient dem zeitsinn-losen Menschen als Blindenstock, mit dem er sich im zeitlichen Werden und Vergehen Orientierung und Stabilität zu verschaffen versucht. Die konkrete, die erlebte, erfahrbare lebendige Zeit hingegen ist eine Uhr ohne Zeiger und ohne Zifferblatt.

Die Uhr geht nach wie vor

Was aber wissen wir über den bedauerlichen Sachverhalt hinaus, dass wir von ihr zu wenig wissen, eigentlich noch von der Zeit? Isaak Newton, der große englische Physiker des 17. Jahrhunderts, sah in der Zeit etwas Absolutes, gleichförmig Fließendes, das keinen Bezug zum äußeren Geschehen besitzt. „Die absolute, wahre und mathematische Zeit", so seine weltberühmte Definition, „verfließt an sich und vermöge ihrer Natur gleichförmig, und ohne Beziehung auf irgendeinen äußeren Gegenstand." Diese Sichtweise blieb nicht nur im Bereich der Wissenschaften bis zu Beginn des 20. Jahrhunderts unumstritten, sie beeinflusste auch die aufs Alltagsleben zielenden zeitorganisatorischen Entscheidungen des 18. und 19. Jahrhunderts. Die Zeitpraxis nämlich richtete sich nicht mehr länger an der Naturzeit, sondern an der Uhrzeit aus. Die Uhr und ihre „Zeitansage" dominierten die Zeitwahrnehmung, das Zeitleben und das Zeiterleben sowie die Zeitorganisation.

Seitdem spricht man, was davor kein Mensch getan hatte, von „Zeitverlusten", „Zeitgewinnen", „Zeitvertreib" und „Fortschritt". Die zunehmende Veruhrzeitlichung des Alltaggeschehens und des individuellen Verhaltens eröffnete und erschloss eine Großzahl neuer Möglichkeiten des Planens und Handelns. Die Menschen verließen sich darauf, dass die Uhr ihnen unabhängig von Wetter, Helligkeit und Dunkelheit sagte, was die Stunde geschlagen hat. Erst als zu Beginn des 20. Jahrhunderts die spezielle Relativitätstheorie Einsteins große Beachtung fand, begann Newtons Zeitbestimmung ins Wanken zu geraten und an Überzeugungskraft und Einfluss zu verlieren. Albert Einstein lieferte den Beweis, dass die „objektive" Zeit keineswegs absolut ist, sondern nur innerhalb eines bestimmten Bezugssystems Gültigkeit beanspruchen kann. Der Raum besitzt, so Einstein, keine von der Zeit unabhängige Realität, die Realität ist die der Ereignisse.

Menschen kommen nicht deshalb in Zeitnöte und klagen nicht deshalb über Zeitprobleme, weil sie unfähig oder inkompetent wären, sich in ihren wechselnden Lebenslagen an der Uhrzeit auszurichten. Die Schwierigkeiten, die sie mit der Zeit haben, sind dem Sachverhalt geschuldet, dass die Uhrzeit nur in sehr ungenügendem Maße mit der jeweils konkreten Zeitwahrnehmung und Zeiterfahrung der Subjekte in Übereinstimmung gebracht werden kann, da sich das Lebendige nicht reibungslos in das rationale Schema des regelmäßigen Tick-Tacks der Uhrenmechanik integrieren lässt. Subjekte, die ihr Zeitleben vornehmlich an der „objektiven" Zeit der Uhr ausrichten, zwingen ihrem von der Natur vorgegebenen rhythmisch pulsierenden Zeiterleben ein mechanisches, sprich: ein unmenschliches, vertaktetes Zeitmuster auf. Bildlich ausgedrückt legen sie ihr Zeitleben an die Uhrkette. Gegen diese Zumutung und den daran geknüpften Raubbau sträubt und wehrt sich die lebendige Zeitnatur des Menschen, aus der er nicht ausbrechen kann, zumal wir heute in einer Welt leben, der das Zeitmuster der Rhythmizität mehr und mehr abhanden kommt. Die daraus entstehenden Probleme, also die Konflikte zwischen der Tyrannis des Uhrwerks und der sich jenseits und fernab des Chronographen vollziehenden Lebendigkeit, nennen wir „Zeitprobleme", „Zeitkollisionen" und „Zeitkonflikte".

Gestalt gewinnt der Zeitalltag durch die jeweils unterschiedliche Kombination und Gewichtung beider Zeitmuster. Durch die messbare, die in gleichmäßigen Schritten voranschreitende und erfahrungsoffene, **physikalische (objektive)** Zeit der Uhren, und zum anderen durch die erfahrungsgesättigte, die qualitative, **subjektive** Zeit der menschlichen Natur, die von den Chronobiologen „innere Uhr" genannt wird. Von subjektiver Zeit sprechen wir, wenn sich der Mensch selbst zum Zeitmaß macht. Sie ist die Zeit, so kann man es bei Augustinus nachlesen, die man selber ist. Das ist eine völlig andere Zeit als die, die der Chronometer misst und anzeigt. Alfred Kerr, der große Theaterkritiker der Weimarer Zeit, hat den Unterschied zwischen objektiver und subjektiver Zeit anlässlich einer Kritik eines anscheinend langweiligen Theaterstückes auf den Punkt gebracht: „Als ich um halb zehn auf die Uhr schaute, war es erst halb neun." Im Theater, jedoch nicht nur dort, sind die Stunden nicht gleich lang. Das sind sie in den meisten Fällen nicht. Tee- und Schäferstündchen dauern bekanntlich niemals exakt 60 Minuten – und das ist gut so!

Die wahre Zeit ist die persönliche, die subjektive Zeit, nicht die, die man am Handgelenk mit sich herumträgt. Mit unseren Uhren blicken wir **auf** die Zeit, mit der subjektiven Zeit, unseren Zeiterfahrungen, sind wir **in** ihr, sind mit ihr verbunden. In der Regel stimmen beide Zeiten nicht überein. Die Uhrzeit kennt, was Geschwindigkeit betrifft, kein „genug". Ganz anders die subjektive Zeit, die ihre Tempogrenzen in den Zeitmaßen des Körpers hat. Franz Kafka, von Schlaflosigkeit und Ängsten geplagt, beschreibt den Unterschied der beiden Zeiten in seinem Tagebuch (1922): „... die innere jagt in einer teuflischen und dämonischen oder jedenfalls unmenschlichen Art, die äußere geht so stockend ihren gewöhnlichen Gang." Die Unterschiede zwischen objektiver und subjektiver Zeit lassen sich nicht aufheben, nicht integrieren und auch nicht harmonisieren. Sie führen zwangsläufig zu Zeitwidersprüchen, Zeitparadoxien, Zeitkonflikten und Zeitkollisionen. Vermeiden kann man die nicht, und lösen, wie das gerne im Zeitmanagement versprochen wird, kann man sie erst recht nicht. Der Mensch ist, und das ist keine Katastrophe, dazu verdammt, mit ihnen umgehen zu müssen. Der französische Philosoph Roland Barthes hat uns verraten, wie er das macht: „Lieber die Trugbilder der Subjektivität als der Schwindel der Objektivität. Lieber das Imaginäre des Subjekts als seine Zensur". Das hört sich gut an, ist aber nicht immer und überall so machbar und nicht allerorten durchzuhalten.

Die subjektive Zeit ist die Zeit des Lebendigen. Sie ist so wenig teilbar und zerlegbar wie der Regenbogen in seine unterschiedlichen Farben. Die Natur, die äußere wie auch die innere, „tickt" anders als die Maschine Uhr. So wie die Natur kein Unkraut kennt, kennt sie keine schlechten und keine guten Zeiten. Sie kennt kein „zu spät", kein „zu früh" und weiß nichts von Pünktlichkeit und Unpünktlichkeit. Lebendige Organismen besitzen biologische Eigenzeiten, die in ihren Abläufen elastisch und flexibel auf Umweltereignisse reagieren. Ihr rhythmischer Verlauf unterscheidet sich fundamental von der vertakteten, mechanischen Ordnung der Uhrzeit. „Eine schöne Uhr zeigt die Zeit an, eine schöne Frau lässt sie vergessen", verrät uns Maurice Chevalier.

Das subjektive Zeitempfinden verleiht der Zeit eine je spezifische Qualität. Erleben wir zum Beispiel etwas Unangenehmes, lässt uns etwa ein Vorgesetzter, um seine Wichtigkeit zu demonstrieren, vor seiner Tür warten, dann kommt uns die Zeit unendlich lang vor, wir behaupten, sie verginge langsam. Ganz anders hingegen stellt sich die Situation dar, wenn wir etwas Schönes, etwas Angenehmes erleben. Die Zeit, die man vor der Klotür zu warten gezwungen wird, unterscheidet sich qualitativ erheblich von jener, die man in bequemer Sitzhaltung auf der anderen Seite genießen kann. Vor der Tür qualvolle Zeit, hinter der Tür Zeitlosigkeit. Für die Anhänger einer Mannschaft die bei einem Fußballspiel knapp in Führung liegt, vergeht die Zeit bis zum Schlusspfiff immer zu langsam, für die Anhänger der Gegner hingegen zu schnell.

Aber auch in weniger dringlichen Situationen lässt sich die Erfahrung machen, dass nicht alle Minuten gleich lang sind. Ein schönes Beispiel dafür hinterließ uns der zeitsensible Chronist eines bayrisch-schwäbischen Klosters, der in seinen Aufzeichnungen detailliert beschrieb, dass sich die Benediktiner frühmorgens langsam und schlurfenden Schrittes zum Gebet in die Kirche begaben, den Weg vom Gotteshaus zum Speisesaal jedoch in erheblich schnelleren Schritten zurücklegten.

Im Netz der Zeit

„Zeit", so der Philosoph Hans Blumenberg, „ist das am meisten Unsrige und doch am wenigsten Verfügbare." Der Mensch erfährt die Zeit stets qualitativ. Auf der anderen Seite vermag er dem Zeitlichen selbst Qualitäten zu verleihen. Er ist also nicht nur Opfer, sondern auch Täter des Zeitlichen. Die einen hören auf ihren Körper, die anderen geben ihm Befehle und Anweisungen. Der Mensch erfährt sich im Netz der Zeit. Er ist in diesem Geflecht beides zugleich, Fliege und Spinne, weniger tierisch: zugleich Schauspieler und Zuschauer in einem Stück, das er selbst geschrieben hat und das er immer weiter fortschreibt. Dem argentinischen Dichter Luis Borges fielen dazu die treffenden Bilder ein: „Die Zeit ist ein Strom, der dich mitreißt, aber du bist der Strom; sie ist ein Tiger, der dich zerfleischt, aber du bist der Tiger; sie ist ein Feuer, das dich verzehrt, aber du bist das Feuer." Als Täter verleihen die Menschen der Zeit eine Ordnung, legen Zeitsequenzen und Zäsuren fest, ordnen sie. Es zählt zu den großartigen Freiheiten des Menschen, dass er Anfänge und Abschlüsse machen und zeitlich fixieren kann.

Andererseits sind die Menschen gebunden, gebunden beispielsweise an ihre biologischen Zeitmuster. So gesehen, sind sie auch Opfer der Zeit. Die alterstypische Entwicklung des Zeitbewusstseins zeigt das noch deutlicher. Die Zeitwahrnehmung und das Zeithandeln von Kindern unterscheiden sich gravierend von denen der Erwachsenen. Vorschulkinder sind in ihrem Zeithandeln vor allem von ihren Stimmungen und Bedürfnissen gesteuert. Sie agieren spontaner, sprunghafter und emotionaler als Erwachsene. Sie „verlieren" sich und ihre Mitwelt in der Zeit. Die Zeit hat für sie, falls sie überhaupt eine Rolle spielt, eher etwas Magisches, etwas Spielerisches. Typisch dafür die „Philosophie" eines Fünfjährigen: „Wenn's langweilig ist, dann geht die Zeit nie vorbei! Dann hätt' ich lieber, dass es gar keine Zeit gibt, denn wenn ich gar nicht wüsste, was Zeit ist, dann könnt' es mir auch nicht langweilig werden."

Fremd hingegen ist Kindern ein rational-strategisches Zeitdenken und Zeitverhalten, das sich am naturfernen, gleichförmigen Gang der Uhrzeiger ausrichtet. Besser als Erwachsenen gelingt es ihnen, die Zeit zu vergessen. Auch sind sie Erwachsenen überlegen, wenn es darum geht, vielerlei unterschiedliche Zeitformen und Zeitqualitäten zu leben und rasch zwischen ihnen zu wechseln. Man beobachte nur einmal Grundschulkinder, wie sie am Ende des Schultages fröhlich hüpfend, rennend und jubelnd aus ihrem Schulgebäude stürzen und nur Sekunden später trödelnd, schleppend vor sich hin träumend und ununterbrochen quasselnd ihren Weg nach Hause antreten. Ermahnungen, auf die Uhr zu schauen, pünktlich zu sein und ja nicht zu spät zum Essen zu kommen, sind bei jüngeren Kindern vergebliche Liebesmüh. Zu Recht wehren die sich gegen elterliche Zumutungen, ihr Verhalten an der ihnen fremden, weil unverständlichen Zeigerlogik auszurichten. Sie weigern sich nicht aus Trotz und Widerstand, sondern weil sie die Logik der Uhr gar nicht verstehen, nicht verstehen können. Um den Gang der Uhr zu verstehen und zu interpretieren, gehören nämlich entwicklungspsychologische Voraussetzungen, zum Beispiel die der Abstraktionsfähigkeit, die sich erst im Laufe der Kindheit entwickeln. Der Ratschlag des Dichters und Schulmeisters Jean Paul ist heute so richtig und so aktuell, wie er es bereits vor 200 Jahren war: „Kinder und Uhren dürfen nicht ständig aufgezogen werden, man muss sie auch gehen lassen."

Doch nicht nur Kindern, auch Erwachsenen tut es gut, sich ab und zu einmal gehen zu lassen und die Uhrzeit aus dem Blick zu verlieren. Es macht nun mal keinen guten Eindruck, wenn der feurige Liebhaber in die Arme der Geliebten sinkt und sich die Schulter ausrenkt, weil er glaubt, mal schnell auf seine Armbanduhr schauen zu müssen. Die Welt, das wissen leider nur mehr wenige, ist voller Freuden und Genüsse, von denen ein gravierender Anteil die Abwesenheit der Uhr zur Voraussetzung hat.

Und noch etwas soll nicht unerwähnt bleiben: Neben dem Lebensalter kennt auch das menschliche Gedächtnis unterschiedliche Zeiten. Das Gedächtnis schichtet die Zeiten weder auf, wie der Maurer die Hauswand, noch ordnet es die Erinnerungen mit der Zwanghaftigkeit eines Bürokraten. Die Erinnerungen laufen hin und her, weit Zurückliegendes ist im Gedächtnis zuweilen präsenter als das Nahe, das nicht selten sogleich ins Meer des Vergessens versunken ist. Mir ist keine treffendere Beschreibung dieses Vorgangs bekannt, als die des 70-jährigen Italo Svevo, der, als er erkennt, dass jeder Tag mehr zugleich einer weniger ist, den Blick auf sein Vorleben richtet:

Siebzig Jahre scheinen viel, wenn man sie von unten nach oben betrachtet. Erst gestern war meine Hochzeit, erst gestern taumelte ich von Ada zu Alberta und landete schließlich bei Augusta. Und das Komische ist, dass die Zeit, die meiner Eheschließung vorausging, meine eigentliche Jugend, mir noch näher ist als die andere. Mein Vater begleitet mich immer noch. Ich lächle über ihn, ich streite immer noch mit ihm, und dann streichle ich ihn voller Mitleid wegen seiner Schwäche, die sich in mir nicht wiederholt hat. Wie jung bin ich!

Es gibt kein neutrales Zeitleben und Zeiterleben. Jede Zeitwahrnehmung, ausnahmslos jede, ist durch Erfahrungen, Ereignisse und Erlebnisse des Vorlebens gefärbt, getönt und gewichtet. Die Summe dieser unterschiedlichen Zeiterfahrungen nennen wir „Leben". Die Vielfalt der Zeitformen und der Zeitqualitäten ist die Grundlage des Lebens und der Zeitkultur, zugleich ist sie das, was das Leben lebendig macht. Die Zeit „rast", „geht", „flieht" und sie bleibt zuweilen auch mal „stehen", mal ist sie Einbahnstraße, mal läuft sie im Kreis. Doch nicht die Zeit tut das, was wir ihr da zuschreiben, es sind die Menschen, die da rasen, fliehen oder stehen bleiben. Wenn, wie das ja häufig geschieht, der Mensch die Zeit sucht, dann ist der Suchende zugleich das, was er sucht. Versucht man also hinter das Geheimnis der Zeit zu kommen, empfiehlt es sich, bei sich selbst nachzuforschen.

Damit nicht beantwortet ist jedoch die Frage, was denn „Zeit" nun eigentlich ist. Verwunderlich ist das nicht, geht es doch den meisten Fragenden – der Autor dieses Textes schließt sich dabei ausdrücklich nicht aus – bei den Mühen um eine Antwort wie den Rat suchenden alten Griechen die sich, wie aus dem Geschichtsunterricht bekannt, in vergleichbaren Situationen auf den Weg zum Orakel nach Delphi machten, um von der sagenumwobenen Pythia Antwort zu erhalten, von dort aber stets doppelt ratlos wieder zurückkehrten. Nicht anders ergeht es uns heute, obgleich wir weniger an Orakelsprüche als an die aufklärende Funktion der Wissenschaften und an das, was bei Wikipedia steht, glauben. Doch so groß wie er gerne gemacht und gesehen wird, ist der Unterschied nun auch wieder nicht.

Je mehr Fragen wir an die Wissenschaft richten, desto größer werden die Rätsel, die sich uns stellen. Es sieht so aus, als müssten wir uns noch länger mit der kuriosen Situation abfinden, die Zeit mit nie da gewesener Präzision messen zu können – die Sekunde inzwischen bis auf die 18. Stelle hinter dem Komma –, aber nur sehr unpräzise Antworten geben zu können, wenn wir gefragt werden, was wir da eigentlich so genau messen. Könnte es vielleicht sein, dass den Menschen das Messen der Zeit mehr Spaß macht, als sie zu leben?

„Ich muss noch schnell …"
Die Karriere der Muss-Rhetorik

Geht's um Zeit, sind wir stets zu spät dran. Und weil wir das sind, geben wir Gas, machen Zeitdruck und drücken unentwegt aufs Tempo, um das alles ein- und aufzuholen, was wir glauben versäumt zu haben. Da wir aber, weil wir so fix geworden sind, an noch mehr vorbeihasten, also noch mehr versäumen, müssen wir noch ein wenig schneller werden. So aber gewinnen wir keine Zeit, so verlieren wir sie – und auch das immer schneller. „Mehr Tempo" ist also kein geeignetes das Mittel gegen das Zuspätkommen. In solchen Momenten hilft nur die Einsicht, dass die, die zu spät kommen, es stets zum richtigen Zeitpunkt tun.

Ein zweiter Irrtum: Je schneller wir werden, desto mehr Möglichkeiten und Freiheiten haben wir. Auch das stimmt nicht. Eher ist das Gegenteil der Fall. Das Tempo raubt uns mit der Geduld die Ruhe, die Orientierung, den Überblick, die Freiheiten des langen Atems und die Nähe zu unseren Mitmenschen. Es gibt dafür keinen feinfühligeren Sensor als die Sprache. Hinhören ist daher angesagt. Auffälliges Indiz für die Zunahme der Selbstverpflichtungszwänge und der Einschränkung der Freiheiten in unserem zeitverdichteten Alltagsleben ist das auffällige Wuchern der „Muss-Rhetorik" in der Alltagskommunikation. Je schneller wir werden, je breiter und unübersichtlicher unser Entscheidungsspielraum, je grenzenloser unsere Möglichkeiten, desto mehr und desto häufiger müssen wir „müssen". „Tut mir leid, vorbeikommen kann ich leider nicht, ich muss nämlich erst noch etwas Wichtiges fertig machen, anschließend muss ich noch schnell auf die Bank und danach noch was zum Abendessen einkaufen." Und nach dem Abendessen, bei dem man den mit am Tisch Sitzenden gerne etwas erzählt hätte, aber dazu keine Zeit hatte, geht's dann nicht allzu fröhlich mit dem „müssen" weiter: „Ich muss schnell noch mal telefonieren; und ach, beinahe hätt ich's vergessen, die Mail an den Maier muss heute noch dringend raus und getankt werden muss ja auch noch damit ich morgen in der Früh auf dem Weg zur Arbeit nicht liegen bleibe; und – Liebling! Sag mal, wann müssen wir heute denn ins Konzert?" Geschafft, gerade noch rechtzeitig angekommen, zwängt man sich durch die bereits halbgeschlossene Tür und quetscht sich an den bereits auf ihren Plätzen sitzenden Konzertbesuchern vorbei auf die beiden noch freien Sessel. Erschöpft von einem heftigen Anfall akuter „Angina temporis" fällt einem just in dem Moment ein, dass man den Kollegen Schmidt noch hätte informieren müssen, dass die Sitzung am nächsten Morgen eine halbe Stunde später beginnt; und ach, ganz blöd, man hätte ja unbedingt noch bis sieben Uhr das vorab bestellte Geburtstagsgeschenk für den halbwüchsigen Sohn im Laden abholen müssen – jetzt ist's zu spät. Und dann, o Gott, das Mobiltelefon, ich hätt dran denken müssen, es auszuschalten, führt in der Hosentasche einen Veitstanz auf ... Jaja, wenn man nur nicht so viel müsste, dann hätte man sicher auch nicht das Wichtigste, das man muss, vergessen: im Konzert das Mobiltelefon ausschalten. Irgendwann, nachdem sich Blutdruck und Adrenalinspiegel etwas gesenkt haben, hört man auch die ersten Töne und stellt überrascht fest, dass das ja bereits der zweite Satz der Symphonie ist, den die Musiker da gerade spielen.

Zu jenem Preis, den man gezwungen wird für die Freiheiten zu bezahlen, die man sich erwünscht und erhofft hat – nicht alle sind neu, manche weigert man sich nur als bereits älter zu betrachten –, gehört auch die Erfahrung, sich immer häufiger verpflichtet, bedrängt und genötigt zu fühlen. Man *muss* mehr arbeiten, *muss* häufiger verreisen, *muss* sich um den Haushalt kümmern, ebenso um die Kinder, die Freunde und Freundinnen und darüber hinaus auch noch um die Verwandtschaft, Termine *müssen* gemacht und in den Terminkalender eingetragen und zu allem Überfluss auch eingehalten werden, und irgendwann – am späten Abend – sieht man sich dann außerdem noch gezwungen, den notwendigen Schlaf finden zu *müssen,* um am nächsten Tag dann wieder frisch und munter mit dem „*Müssen*" weitermachen zu können. Befreit von Zeitzwängen landet man schließlich bei neuen Zeitzwängen. Man wechselt von einem Zeitkäfig in den anderen. Das war auch dem aufmerksamen Goethe nicht entgangen: In seinen *Maximen und Reflexionen* mahnt er daher: „Mit Ungeduld bestraft sich zehnfach Ungeduld; man will das Ziel heranzieh'n und entfernt es nur." Auch Max Weber hatte so etwas vorausgesehen: „Freiheit erzeugt Pflichten." Kurzum, ein Großteil dessen, was den tristen und stressigen Alltag aufzuhellen und zu bereichern verspricht, zeigt bei Sonnenschein seine Schattenseiten, die da heißen: mehr Zeitstress, mehr Zeitkonflikte und steigende Zeitnot. Zeit werden wir erst haben, wenn wir sie nicht mehr vernutzen.

Wer hat an der Uhr gedreht …? Eine Unterhaltung

Herr Geißler, dieser Tage wird die Uhr vorgestellt, was halten Sie davon?

Ich liebe die Uhrumstellung. Sie erinnert uns daran, dass die Zeit von Menschen gemessen, standardisiert und geordnet wird. Der Kalender ist von Menschen gemacht. Die Uhr und deren Zeit ebenso. Früher haben die Landesherren über die Zeit entschieden, heute entscheidet das Europaparlament darüber. Immer ist es ein herrschaftlicher Akt. Daran erinnert uns die „Zeitumstellung", die eben keine Zeit-, sondern „nur" eine Uhrumstellung ist. Die Uhr ist keineswegs sakrosankt. Sie ist auch ein Mittel, den Menschen zeitlich zu disziplinieren, also ein Herrschaftsmittel. Insofern ist das, was wir „Zeit" nennen, eine bestimmte Sichtweise, eine Vorstellung, mit deren Hilfe Menschen – es handelt sich dabei immer um einflussreiche, mächtige Menschen – den Veränderungsprozessen in Gesellschaft und Natur einen ordnenden Rahmen verleihen, den sie für die von ihnen Abhängigen für verbindlich erklären.

Zeit ist also ein Ordnungsmittel und die Uhr ein spezifisches. Sie ist ein von Menschen erfundenes, konstruiertes mechanisches Mittel, um im Rahmen des Vergänglichen eine mechanisch produzierte Ordnung zu schaffen. Ihren spürbarsten Ausdruck findet die Ordnungsfunktion der Uhr im Wecker. Mal fremd-, mal selbstbestimmt, ordnet und diszipliniert dieser das Zeitverhalten vieler Menschen durch akustische Signale.

Haben Sie auch nach Ihrer Pensionierung noch einen Wecker?

Ja. Aber ich benutze ihn ganz selten. Wenn, dann wache ich vor dem Wecker auf. Um vor ihm aufzuwachen, muss ich ihn zuvor stellen. Übrigens würde ich das mit der Uhrumstellung – es ist ja eigentlich eine Uhr- und keine Zeitumstellung, wie die zur Übertreibung neigenden Medien immer so gerne sagen – ganz anders organisieren. Die Zeit lässt sich nicht umstellen – das würde der Mensch gerne tun, ist aber ein größenwahnsinniges Vorhaben, das uns jedes Jahr neuerlich – und das zu zwei unterschiedlichen Terminen – angekündigt wird.

Wie würden Sie denn gerne die Uhrumstellung regeln?

Mein Lieblingsmodell wäre es, die Uhr am Sonntagnachmittag umzustellen, am besten zwischen 15 und 16 Uhr.

Warum das?

Weil ich diesen seltenen Moment zeitloser Zeit eigentlich nicht verschlafen will. Stellen Sie sich vor: Im Herbst, Ende Oktober, erleben Sie eine Stunde, die nicht gezählt wird, die es gibt und doch nicht gibt. So eine Stunde, die will ich doch erleben, nicht verschlafen! Es ist doch irgendwie interessant und auch skurril, sagen zu können: Das, was soeben passiert, zählt nicht, zumindest nicht nach unserer Zeitordnung. Hat eigentlich schon mal ein Kriminalschriftsteller sich dieser Stunde gewidmet?

Und im Frühjahr?

Da will ich sehen, was geschieht, wenn eine Stunde einfach mal so verloren geht. Die Leute, zumindest sagen sie das, verlieren ja ununterbrochen Zeit. Aber sie wissen nie wie. Ende März können sie's ganz offiziell erleben – wie gesagt, am besten zwischen 15 und 16 Uhr. Warum aber muss man das so verschämt in der tiefen Nacht machen?

Man versucht, es möglichst wenig spürbar zu machen.

Ja. Sehr schade.

Einige Mediziner kritisieren inzwischen, dass die Zeitumstellung vor allem älteren Menschen Beschwerden mache.

Das halte ich für übertrieben. Der Körper gewöhnt sich relativ schnell an diese kleine Unstimmigkeit. Eine Stunde Unterschied: Das ist bei unserer Mobilitätsintensität doch gang und gäbe. Die einen profitieren davon mehr, die anderen weniger. Im Sommer bevorzugt die Uhrumstellung die „Lerchen", also die Frühaufsteher. Im Winter die „Eulen", diejenigen, die ohnehin spät aufwachen. Viel problematischer hingegen ist der Sachverhalt, dass viele Zeitgenossen und Zeitgenossinnen heute kaum mehr Gelegenheit haben, ihren inneren Rhythmus mit den äußeren Zeitgebern zu koordinieren.

Weil der Kontakt zur Natur verloren gegangen ist.

Genau. Man versucht dann mit Kaffee oder Medikamenten über die Müdigkeit hinwegzukommen. Die bessere Alternative wäre, der inneren „Uhr" zu folgen und sich zugleich mit den Naturabläufen abzustimmen. Statt die Uhrzeit zu flexibilisieren, sollten die Unternehmen die Arbeitszeiten lockern.

Was ja – Thema: Gleitzeit – geschieht.

Aber die allerwenigsten Gleitzeitbegünstigten nutzen die Möglichkeiten der Zeitflexibilität, um ihre rhythmische Zeitnatur, konkret: den Leistungsrhythmus mit ihren täglichen Arbeitszeiten zu koordinieren. Jahreszeitlich gesehen wäre es zum Beispiel viel sinnvoller, im Winter länger zu schlafen als im Sommer, dafür im Sommer eine Art Siesta zu machen.

Warum das?

Weil im Sommer die lange und starke Sonneneinstrahlung und die damit eng gekoppelte Hormonausschüttung den Körper belasten.

Ein Plädoyer für das so genannte Power-Napping?

Auf keinen Fall. Aber ein Plädoyer für die Siestakultur. Nebenbei: Warum hat Brüssel eigentlich nicht die Euro-Siesta eingeführt? Das wär doch endlich mal eine arbeitnehmerfreundliche Regelung.

Was ist der Unterschied?

Power-Napping ist eine typische Idee von Personen, die von der Funktion und dem Sinn einer Mittagspause nichts verstehen.

Wie kurz darf das Nickerchen denn sein?

Es muss gar nicht länger als 20 Minuten dauern, damit der Kreislauf nicht zu sehr abfällt. Ansonsten braucht man danach wieder eine längere Anlaufzeit. Aber mir geht es ja nicht nur um den Schlaf in der Mittagspause. Siestakultur meint erheblich mehr als nur Zeit zum Dösen zu haben. Diese Zeit des mittäglichen Leistungstiefs bietet sich an, mit anderen Menschen gemeinsam zu essen und sich auszutauschen und zu unterhalten, also soziale Zeit zu leben, wie es der ursprüngliche Sinn der Siestakultur ist. Das lässt sich nicht sinnvoll in einer halben Stunde erledigen. Power-Napping hingegen folgt der technischen Vorstellung, man könne den Körper, einem leeren Akku gleich, im Handumdrehen wieder aufladen. Ich halte viel von Nickerchen, aber bitte ohne Power, denn davon soll man sich ja gerade erholen.

Was kennzeichnet dieses mechanische Denken?

Mechanisches Denken und Handeln ist taktförmig, nicht rhythmisch. Es transportiert die Vorstellung, man könne den Menschen und seine Aktivitätspotenziale wie einen Kippschalter ein- und ausschalten. Der Rhythmus hingegen schwingt, verläuft in Auf- und Abstiegen. Rhythmen haben Anfang, Ende und Übergänge. Takte kennen nur das „ein" und das „aus." Die meisten Arbeitsunfälle an Maschinen passieren übrigens kurz nach deren Einschalten. Während die Maschinen mit vollem Tempo loslaufen, brauchen die Menschen Anlaufzeiten, um auf Touren zu kommen. Der Hinweg zur Arbeit ist genauso eine Anlaufzeit, wie der Heimweg der Anlauf zum Privatleben ist. Im Kino merkt man das deutlich: Die Konzentration auf den Hauptfilm braucht einen Vorlauf und der wird durch Werbung, Vorschauen oder einen Vorfilm gestaltet. Beim Fernseher hingegen, der nach dem Ein- und Ausschaltprinzip funktioniert, ist das Bild sofort da. Heute verführen uns die vielen kleinen Geräte, die uns durch den Alltag begleiten, das Anfangen und das Aufhören durchs Ein- und Ausschalten zu ersetzen.

Diesem mechanischen Denken sind auch viele Zeitratgeber verpflichtet.

In der Tat. Sie machen den Umgang mit Zeit zu einer Art Abreißkalender. Zeitratgeber empfehlen schematische To-do-Listen, die es abzuarbeiten gilt. Darüber aber versäumt man häufig das Leben, zumindest vieles Schöne. Denn all das, was von der To-do-Liste abweicht, wird zu einer Störung. Die schönsten Dinge des Lebens aber kommen überraschend. Das Glück lässt sich nicht planen.

Das wäre der Versuch des Einzelnen, totale Kontrolle über seine Zeit zu erlangen.

Was selbstverständlich nicht möglich ist. Die auf die Zeit ausgerichteten Kontrollanstrengungen des Zeitmanagements unterstellen, das Leben, und nichts anderes ist ja Zeit, ließe sich einrichten wie ein Küchenregal. Man kann sein Leben nicht auf Dauer am Uhrzeigerverlauf ausrichten. An dieser Tatsache ist auch nicht das von Zeitmanagern erfundene zoomorphe Kunstwesen des „Inneren Schweinehunds" schuld. Dieser existiert so wenig wie der Dreckspatz und der Faulpelz. So wie niemand bisher glaubhaft beweisen konnte, den Yeti gesehen zu haben, so hat auch bisher kein menschliches Auge den „Inneren Schweinehund" gesehen. Das Phantom des „Inneren Schweinehunds" ist ausschließlich erfunden worden, um dem schlechten Gewissen Futter zu geben. Also, machen Sie das Spiel nicht mit, vergessen Sie ihn, verweigern Sie ihm den Einzug in Ihren Privatzoo.

Das Zeitmanagement sieht – bester Beweis dafür ist die Angstfigur des „Inneren Schweinehunds" – in der Zeit eine zu bekämpfende Feindin. Das aber ist sie nicht. Sie ist die treueste unserer Freundinnen, begleitet sie uns doch von der Geburt bis zum Tod. Es geht also nicht darum, die Zeit zu bekriegen, sondern sie zu sich einzuladen. Zeit ist nicht dafür da, sie vor sich herzutreiben, sie klein zu machen und zu sparen. Die Zeit ist zum Leben und zum Genießen da. Nichts trauriger als die Grabsteingravur „Er war ein großer Zeitsparer."

Aber ein gewisses Maß an Planung ist doch nötig.

Man darf nur nicht zu viele Illusionen daran knüpfen und nicht zu zwanghaft planen. Natürlich ist es sinnvoll, die anfallenden Dinge zu sortieren und nach der Wichtigkeit zu ordnen. Dass aber dabei bessere Zeiten rauskommen, ist eine Illusion. Klappt der Plan nicht – und das ist fast immer so – bekommt man Schuldgefühle, schlecht geplant zu haben, gerät unter Zeitdruck und unter Stress, muss um- und neu planen. Zeit spart man so nicht!

Was geht verloren?

Zeitmanagement läuft auf Beschleunigung hinaus. Was man dort zum Beispiel nicht lernt, ist das Warten, das Pausen machen, das geduldig sein, kurzum, mit einer Vielzahl unterschiedlicher Zeitqualitäten umzugehen. Ganz abgesehen von dem unrealistischen Sachverhalt, dass das Zeitmanagement sich immer nur auf Einzelpersonen, die mit Zeit umgehen, bezieht. In der Realität aber ist Zeitplanung und der Umgang mit Zeit immer eine Angelegenheit mehrerer Personen. Denn man lebt ja in sozialen Zusammenhängen. Selbst mit der je eigenen Zeit kann man nicht souverän umgehen. Ich kann meine Müdigkeiten und meine Krankheiten nicht beliebig zeitlich manipulieren, will ich nicht zu Medikamenten greifen. Zeitmanagement unterwirft sich der Logik der Uhr und des Kalenders. Deren Logik aber ist qualitätslos, vertaktet, standardisiert, letztlich unmenschlich.

Was raten Sie stattdessen, wenn die Zeit knapp wird?

Seinlassensübungen. Und die gehen so: Überlegen Sie sich am Abend zuvor, was Sie am nächsten Tag sein lassen können. Sie werden sehen: Das ist eine ganze Menge. Vergessen Sie aber nicht das, was Sie sich vorgenommen haben, am nächsten Tag auch sein zu lassen!

(Die Fragen stellte Monika Goetsch.)

Sicherheitshinweis:
Lassen Sie Ihre Zeit nicht unbeaufsichtigt herumstehen.
Melden Sie dem Sicherheitspersonal umgehend herrenlos herumstehende Zeit.

Der Angriff auf Raum und Zeit

Der Fall:

> *Wie vereinbart kommt Herr Dr. Habermann jeden Freitag um 14.00 Uhr in die Beratung von Frau Dr. Wedekind. Heute jedoch ist er nicht pünktlich. Frau Dr. Wedekind wartet auf ihren Klienten. Um 14.10 Uhr erreicht sie ein Anruf von Dr. Habermann: „Entschuldigen Sie bitte Frau Dr. Wedekind, ich kann heute leider nicht pünktlich bei Ihnen sein, da ich in einem Verkehrsstau stecke. Aber wenn es Ihnen nichts ausmacht, können wir ja mit der Beratung sogleich schon mal beginnen."*

Die Grenzen von Raum und Zeit sind in Bewegung. Ihr einstmals starres Regime steht zur Disposition. Beratung kann heutzutage überall stattfinden, nicht nur in dafür vorgesehenen Räumlichkeiten. Ohne den Fuß vom Gaspedal nehmen zu müssen, lassen sich in der Europäischen Union neuerdings die Staatsgrenzen überwinden. Weitestgehend „entortet" und „entzeitlicht" ist das, was man kauft, was man isst und trinkt, und vieles von dem, was es zu erfahren und zu erleben gibt. Das Orts- und das Zeitgebundene werden als Reaktion auf diese Entwicklung immer öfter zur „Folklore".

Grenzen fallen auch anderswo. Tankstellen etwa, ehemals eingeschränkt auf das Angebot von Kraftstoffen und Dienstleistungen zur Autopflege, machen inzwischen einen großen Teil ihres Umsatzes mit Gebrauchs- und Verbrauchsgütern des täglichen Bedarfs: rund um die Uhr und mit der Folge, dass die Tankwarte jetzt mitunter mehr Brötchen backen als die dafür ausgebildeten Bäcker. In Einzelhandelsgeschäften kann man im Gegenzug dafür neuerdings auch Autos, Autozubehör und sogar

Immobilien kaufen, im Stehcafé Versicherungspolicen, Goldschmuck und Gartenmöbel erstehen. Dementsprechend hat sich die Erwartung all derer, die etwas einkaufen, und jener, die vom Stress des Alltags in den Urlaub fliehen, auf die möglichst vollständige Nutzung der angebotenen Optionsvielfalt ausgerichtet. Es ist nicht mehr „die Sehnsucht nach dem Unendlichen" (Friedrich Schlegel) und auch immer seltener die Befriedigung des Erholungsbedürfnisses, die zur Reise motivieren, es ist in den allermeisten Fällen eine Kombination von Kultur, Erholung, Bildung, Unterhaltung und wahlweise auch Wellness. So hofft man zwei Fliegen mit einer Klappe zu schlagen. Zum einen hofft und glaubt man, auf diesem Weg Zeit durch Aktivitätsverdichtung zu sparen, zum anderen steigert man die Erfahrungsintensität bis zu jenem Punkt, an dem man den Eindruck bekommt, zwei, vielleicht sogar drei Leben in eines packen zu können.

Entgrenzung allüberall, auch an unseren Verkehrsknotenpunkten, insbesondere an Bahnhöfen und Airports: Die Zentren der Mobilität werden zu Einkaufs-, Unterhaltungs- und Begegnungsarealen, die, neben vielem anderen, auch eine immer größer werdende Zahl von Möglichkeiten offerieren, sich auf schnellem Weg zur nächsten Option davonzumachen. Meist aber nur dorthin, wo es genauso aussieht und wo ebenso viele Wahlmöglichkeiten warten wie an jenem Ort, dem man soeben entflohen ist. Die Tore zur Welt sind selbst zur Welt geworden und stellen sich trotz ihrer Vielfalt doch meist recht einfältig dar: überall die gleich eintönige Auswahl an Produkten und Leistungen in gleichen oder sich ähnelnden Geschäften – überall die gleiche Hast, das identische Getue. Junge Menschen wachsen in diese Gesellschaft zunehmender Entgrenzung von Ort und Zeit mit all ihren technischen Möglichkeiten und Unmöglichkeiten hinein. Mit Stöpseln im Ohr schaffen sie es spielend, zu jeder Zeit an jedem Ort in die Welt von Bibi Blocksberg, Pippi Langstrumpf, Harry Potter und Momo einzutauchen. Die überwiegende Mehrheit aller 6- bis 13-Jährigen besitzt in Deutschland die instrumentelle Ausstattung zu solchen unterhaltsamen Zeitreisen.

Karl Marx hatte diese Entwicklung bereits vorhergesehen. Im ersten Buch des *Kapitals* schreibt er von der „Verschlingung aller Völker in das Netz des Weltmarktes". Und in der Tat – die Entgrenzung, der wir gerne das Etikett der „Globalisierung" aufkleben, ist ein Ergebnis des „Weltweitwerdens" kapitalistischer Marktdynamiken. Sie zielt in erster Linie auf die profitable Beschleunigung räumlicher und zeitlicher Dynamiken, die das Ziel haben, die Menschen, die Dinge und die Abläufe durch Zeitzonen übergreifenden Kapitalverkehr zu beschleunigen.

Der britische Gesellschaftsanalytiker Antony Giddens beschreibt diese Tendenz zur Entgrenzung mit dem Begriff der „Entbettung". Der Ausdruck bezeichnet das „Herausheben sozialer Beziehungen aus ortsgebundenen Interaktionszusammenhängen und ihre unbegrenzte Raum-Zeit-Spannungen übergreifende Umstrukturierung". Dies führt, so Giddens, zu jener Form der Globalisierung, die sich als „Intensivierung weltweiter sozialer Beziehungen" darstellt, „durch die entfernte Orte in solcher Weise miteinander verbunden werden, dass Ereignisse an einem Ort durch Vorgänge geprägt werden, die sich an einem viele Kilometer entfernten Ort abspielen, und umgekehrt".[1]

Weniger als jemals zuvor in der Zivilisationsgeschichte wird der Raum über zeitliche und örtliche Grenzen definiert und charakterisiert. Die Medien- und die Informationstechnologie und deren rasante Verbreitung haben ihn „verflüssigt", entmaterialisiert, virtualisiert und zeitlich „verfranst". Er wird tendenziell „getötet" – wie eine Formulierung lautet, die Heinrich

1 A. Giddens, Konsequenzen der Moderne, Frankfurt 1995, S. 33 und 85

Heine bereits anlässlich der inzwischen 160 Jahre zurückliegenden Eröffnung der Eisenbahnlinie von Paris nach Rouen einfiel.

Wir wollen alle Tage sparen

Grenzüberschreitungen sind heute zur dominierenden ökonomischen Produktivkraft geworden. Niemand kann sich ihnen mehr entziehen. Man muss, auch gegen den eigenen Willen, dabei mitmachen. Ganz besonders deutlich spürbar wird die Dynamik der Entgrenzung bei der ehemals als Zentrum der Orts- und Zeitbezogenheit fungierenden eigenen Wohnung. Die grenzenlos ausufernden Arbeitsanforderungen durchbrechen immer häufiger die dünnen Wände der Privatheit und reißen die Zeiten des sozialen Lebenszusammenhangs aus ihrer zeitlichen Verankerung und ihrer Verortung. Verantwortlich dafür ist in erster Linie die moderne Technik mit ihren Installationen und Hochfrequenz-Apparaturen. Sie vor allem sind es, die den Anschluss an das Weltgeschehen herstellen und dafür sorgen, dass zu jeder Zeit und an jeden Ort Geschäftstätigkeiten möglich sind.

Die Werkstatt, die Fabrik und erst recht das Büro sind nicht mehr länger die exklusiven Orte der Arbeit. Computer, Internet, Fernsehen, Mailverkehr und Mobiltelefon/Smartphone sowie viele weitere jener Multifunktions- und Multitaskinggeräte, die die Mehrheit der Bevölkerung für einen großen „Fortschritt" hält, forcieren den Abschied vom Privatleben als einem separaten zeitlichen Soziotop. Die Privatwohnung, inzwischen angefüllt mit hohen Verfügbarkeits- und Mobilitätserwartungen, hat sich in den vergangenen Jahrzehnten zu einem konflikt- und entscheidungsreichen Spannungsfeld zwischen globalisierten Raum- und Zeitmustern einerseits und orts- und zeitgebundenen Familiendynamiken andererseits gewandelt. Die Arbeit frisst sich ins Privatleben wie die Inflation in den Geldbeutel. Geschäfte der unterschiedlichsten Art werden vom Wohnzimmer aus getätigt, die Arbeit wird am Wochenende nach Hause oder – dem Laptop sei Dank – auf die Urlaubsreise mitgenommen.

Ein stetig wachsender Teil der Bürobeschäftigten tut das inzwischen. Laut Statistiken ist es annähernd die Hälfte, mit deutlich steigender Tendenz. Das geht auf die Dauer, zieht man noch die Sorgen und die Konfliktbelastungen, die man von der Arbeit nach Hause mitnimmt, ins Kalkül, nur zu Lasten der Familienzeiten und der Qualität der familiären Beziehungen.

Der private Lebensraum mutiert nicht nur zur Arbeitsstätte, er wird auch zum Depot für Informationen und Nachrichten, die mittels Fernabfrage von außerhalb jederzeit zugänglich sind. Das Weltweit-Werden jenes Lebensraumes, der in Deutschland grundgesetzlich als privater Ort geschützt ist, ist längst Alltagsrealität: „Stärken Sie Ihren Internet-Browser, und schon stehen Sie mit der ganzen Welt in Verbindung" – verspricht Microsoft. Und die Mehrheit folgt dem Versprechen.

Wie so Vieles in diesem Leben halten die meisten Menschen das für einen „Fortschritt"; doch auch dieser hat seine Licht- und seine Schattenseiten. Durch die mit hohem Tempo vonstattengehende Entprivatisierung der eigenen vier Wände lockern sich auch jene traditionellen Zwänge, durch welche die nicht selten spießige und einengende Ordnung des privaten Heims stets gekennzeichnet war. Die Entgrenzungsdynamik eröffnet eine große Anzahl neuer Möglichkeiten und Erfahrungen, birgt aber auch Gefahren: Mit der zunehmenden Zeit- und Ortlosigkeit des Privaten wachsen die Orientierungs- und die Identitätsprobleme, die dann ihrerseits zu steigenden Belastungen bei den auf Kontinuität und Abgrenzung angewiesenen sozialen Kleinsystemen – beispielsweise Familien – führen. Das speziell bei jüngeren Familienmitgliedern beliebte „Location-hopping", das permanente „Auf-dem-Sprung-Sein", um interessantere Alternativen nicht auszuschließen, das chronisch gewordene Ablenkungsbedürfnis – all das lässt sich mit stabilen, zeitlich und sozial langfristigen Bindungen nur noch sehr eingeschränkt vereinbaren. Allerdings erhöhen sich hierdurch auch die Chancen, interessante Menschen kennen zu lernen, neue Kontakte zu knüpfen und an bisher unbekannten Erfahrungen teilzuhaben.

Ist die eigene Wohnung erst einmal multimedial hochgerüstet, entgrenzt sie sich nicht nur lokal, sondern auch zeitlich. Internet und Mailverkehr funktionieren unabhängig von der zeitlichen Ordnung der alltäglichen Lebensführung. Zeitlichen Strukturierungsangebote liefern sie nicht mehr. Die neuen Technologien folgen nicht mehr den Ordnungsprinzipien der sozialen und/oder natürlichen Rhythmen. Sie kennen weder einen Feierabend noch einen Sonntag, also nicht jene Chronotope, die sich in ihrer zeitlichen Alltagsgestaltung substanziell vom kräftezehrenden Werktag unterscheiden. Erwartet wird heute, dass man rund um die Uhr erreichbar ist, zumindest auf der Mailbox des Telefons, per E-Mail oder Kurznachricht (SMS). Es sind nicht mehr länger allein die an Ort und Stelle anfallenden Aufgaben, die die Zeitgestaltung des sozialen Alltags bestimmen, hinzu kommen die Zeitbedarfe externer und entgrenzter Kommunikationspartner, welche die Intimität der eigenen vier Wände aufbrechen und einer Dauerpräsenz von Gerät und Person ausliefern. „Double your time“ lautet das attraktive Versprechen – das sich bisher jedoch nie als realistisch erwiesen hat.

Der durchaus beachtenswerte und auch beachtliche Gewinn an neuen Freiheiten und erweiterten Wahlmöglichkeiten hat jedoch seinen Preis. Bezahlt wird er mit einer zunehmenden Auslieferung des Selbst und des Privaten und mit stetig steigender Hetze, größer werdendem Zeitdruck und erhöhter Zeitnot. „Einszweidrei, im Sauseschritt, läuft die Zeit, wir laufen mit.“ Tagtäglich kann sich Wilhelm Busch, dem diese viel und gern zitierten Worte einst einfielen, bestätigt fühlen. Nicht nur zu einem Volk der motorisierten Raser sind wir geworden, sondern auch zu einem der Schnellgeher. Und so schnell wie wir fahren und gehen, leben wir auch. Hat ein großstädtischer Fußgänger 1994 im Durchschnitt noch 13,76 Sekunden für eine Strecke von 20 Metern benötigt, so schafft er 15 Jahre später den gleichen Weg bereits in 12,49 Sekunden. In der weltweit hastigsten Metropole, in Singapur, haben die dortigen Fußgänger, wie ein britischer Wissenschaftler herausgefunden hat, nicht nur diese 10 Prozent an Geschwindigkeit zugelegt, sondern sind sogar um ganze 30 Prozent schneller geworden und schaffen die 20 Meter in der rekordverdächtigen Zeit von 10,55 Sekunden. Hoffentlich wissen die Schnellgeher auch, wo sie hinwollen.

Jenes Beharrungspotenzial, das mit der Regelmäßigkeit natürlicher, sozialer und aufgabenorientierter Rhythmizität eng liiert ist, geht immer mehr verloren. Es wird durch den Druck zu kurzfristigen Entscheidungen, zu permanenter Aktivität und durch den Zwang zu zeitraubendem Zeitmanagement erodiert. Der damit einhergehende Aufwand an zusätzlichen Orientierungsleistungen, an permanent anfallenden Strukturierungs- und Koordinierungsaufgaben, auch wenn er technisch unterstützt werden kann, muss jetzt von jedem Individuum in kräftezehrender Eigenregie erbracht werden. Jener Teil des Alltags, der sich in den eigenen vier Wänden abspielt, gewinnt hierdurch immer mehr Arbeitscharakter. Das wiederum hat zur Folge, dass sich auch Arbeit und Konsum örtlich und zeitlich entgrenzen und miteinander vermischen. Dies nun betrifft nicht nur die Angestellten der Westdeutschen Landesbank, die auf großen Plakaten informiert und zugleich droht: „Bei uns hat der Arbeitstag 24 Stunden. Und fünf Kontinente."

Die Effekte sind sichtbar, spürbar und unvermeidlich. Auch der Autor dieses Buches sieht sich mit ihnen konfrontiert.

Es ändern sich die Zeiten

„Die Zeiten ändern sich", so der Titel eines Vortrags, den zu halten der Autor dieser Zeilen von der Leitung eines großen ausländischen Pharmaunternehmens vor einiger Zeit gebeten wurde. Die schriftliche Bestätigung der telefonischen Vereinbarung wurde ihm für die nächstfolgende Woche in Aussicht gestellt. Sie traf, wie angekündigt, wenige Tage später ein und führte zu einer Stimmungsmelange, die sich nicht zwischen Irritation, Neugier und Vergnügen entscheiden konnte. Der Grund: Über der Vereinbarung stand deutlich sichtbar „Liefervertrag". Ihn galt es zu unterschreiben. Er war in der Lieferantenkartei des Unternehmens gelandet, besaß eine Lieferantennummer. Die angeforderte Leistung – es handelte sich um den oben erwähnten Vortrag – tauchte in der Rubrik „Liefermaterial" auf. Darüber hinaus waren die Liefermenge (1,000 Stück) sowie der Liefertermin und der Preis pro Einheit vermerkt. Der Hinweis: „Wir bestellen unter Ausschluss etwaiger Verkaufsbedingungen" blieb dem Neulieferanten, insbesondere was deren potenzielle Verletzung betraf, unerforschlich fremd. Wie nicht anders zu erwarten, war die Bestellung der Lieferung von einem Herren unterschrieben, der sich mit der formellen Bezeichnung „Einkäufer" auswies. Das nun war in der Tat eine neue Erfahrung für den Autor. Niemals vorher war er mit dem Sachverhalt konfrontiert, in der Funktion eines Lieferanten mit rechtsgültigem Liefervertrag einen Vortrag zu halten. Hatte der unbekannte „Einkäufer" das Vortragsthema: „Die Zeiten ändern sich" möglicherweise als willkommene, zur Kreativität anregende Herausforderung verstanden, die veränderten Zeiten sogleich zu demonstrieren? Wollte er beweisen, dass sich die Zeiten wirklich ändern?

Ökonomie und Technologie erobern die Kopfarbeit und integrieren sie in ihre Sprach- und Organisationssysteme. Das ist nichts grundlegend Neues. Neu hingegen sind Umfang und

Dynamik dieser Tendenz. Im Gleichklang mit der Entgrenzung von Ort und Zeit nimmt die ohnehin herrschende Dominanz ökonomischer Denk- und Handlungsmuster weiter zu. Existierende Unterschiede werden, wenn es ökonomisch profitabel erscheint, eingeebnet. So wird in dem referierten Beispiel kein Unterschied mehr gemacht, ob eine Kiste Schrauben geliefert wird oder ein aus flüchtigen Worten zusammengesetzter Vortrag.

Die Intensität mit der die neuen Technologien auch an anderer Stelle zur Gleichzeitigkeit und zur Gleichartigkeit führen, schildert Michel Serres im Vorwort des von ihm herausgegebenen *Thesaurus der exakten Wissenschaften* am Beispiel der Arbeitsformen in den unterschiedlichen wissenschaftlichen Disziplinen[2]:

> *Bis vor zwanzig Jahren brauchte man die Wissenschaften gar nicht zu kennen, um sie grob zuordnen zu können. Wenn jemand seltsame Zeichen auf eine schwarze Wandtafel malte, wusste man, das war ein Mathematiker. Hantierte eine Frau im grauen Kittel an elektrischen Schaltkreisen herum, erkannte man in ihr sofort die Physikerin. Wer sich in einem löchrigen, schmutzigen, ehemals weißen Kittel an gläsernen Gefäßen mit farbigen Flüssigkeiten zu schaffen machte, war Chemiker, und wer die Nacht damit verbrachte, in einem Haus mit geöffnetem Dach durch ein Rohr den Himmel zu betrachten, war Astronom. Die Ärztin erkannte man am Stethoskop, mit dem sie die Kranken abhorchte. Der Historiker wühlte im Staub der Archive und Bibliotheken. Ohne jemanden zu täuschen, tanzten die Körper der Fachwissenschaftler auf ihre je eigene Weise. Auch wenn ein gänzlich dem Intellekt verschrie-*

2 M. Serres, Vorwort. In: Thesaurus der exakten Wissenschaften, Frankfurt 2001, S. XI.

benes Vorurteil niemals Notiz von dieser je eigenen Körperlichkeit der einzelnen Fachgebiete nahm, besaß jedes seine eigenen disziplinären Haltungen, Gebärden und Instrumente.

Wer heute irgendein Labor oder wissenschaftliches Institut betritt, sieht überall dasselbe Bild: Menschen, die vor Computerbildschirmen sitzen und auf ihren Tastaturen hämmern. Der Tanz der Körper lässt keine Unterschiede mehr zwischen ihnen erkennen. Ob Gelehrter, eine im Verschwinden begriffene Spezies, ob Biologe oder Physiker, ob Chemiker oder Topologe, sie alle mühen sich an derselben Maschine ab. Mit dem neuen Jahrtausend vereinheitlichen sich die Haltungen und Gebärden. Früher schrieben all diese Wissenschaftler Bücher oder Aufsätze. Nun lassen sie ihre Augen und Finger nicht mehr über das Papier huschen, sondern starren alle auf Bildschirme und schlagen auf Tasten.

Nichts anderes tun auch Personen, die Vorträge mit Lieferscheinen bestellen und Vortragende, die die zu liefernden Reden konzipieren und mit PowerPoint-Unterstützung präsentieren. Die von Serres so treffend geschilderte Vereinheitlichung der wissenschaftlichen Arbeitsformen geht weit über den akademischen Bereich hinaus. Er tangiert inzwischen die gesamte Berufswelt, darunter auch die nichtakademischen Tätigkeiten.

Wie die Geschichte eindrücklich zeigt, wandelt sich mit der Veränderung dessen, was Serres „Ausstattungsmittel" nennt, das Denken und Handeln der Menschen ebenfalls in gravierender Art und Weise. Nicht zuletzt ist das die Ursache für den wachsenden Druck, lebenslang lernen, umlernen und an sich selbst arbeiten zu müssen. Der wiederum geht mit der Zumutung einher, sich von einem großen Teil jener zum Teil mühsam und aufwändig angeeigneten Wahrnehmungsformen, Denkqualitäten und Handlungsmuster, die Stabilität und Orientierung verliehen haben, Abschied nehmen zu müssen. In erster Linie gilt das für den erlernten Beruf. Lange Zeit traditioneller Stabilisator der Existenz, kann dieser seine ursprünglich orientierende Kraft heute nicht mehr entfalten. Der Beruf wird vom erheblich elastischeren Job und noch flexibleren und kurzfristigeren Projektarbeiten abgelöst. Konventionen des Alltagshandelns werden ebenso ihrer Selbstverständlichkeit beraubt wie vieles andere über Nacht zum alten Eisen verkommt, das kurz zuvor noch als herausragende neue Erkenntnis propagiert wurde.

Den heute lebenden Jugendlichen ist dieser hektische Wandel zur alternativlosen Erfahrung geworden. Sie haben in ihren Sprachgewohnheiten die dafür angemessenen bildlichen Ausdrucksformen gefunden: Heute „in" morgen „out". Auch Erwachsene werden auf Schritt und Tritt mit ästhetisch unbefriedigenden sprachschöpferischen Novitäten, meist sind sie den Illusionen des Zeitgewinns geschuldet, konfrontiert. Der „Quick-Check" am Flughafen, beim Hausarzt und im Businesshotel, das „Express-Frühstück" in Bildungshäusern, an Fernbahnhöfen und im Bistro rundum flexibilisierter Tagungszentren, überall und jederzeit „Last-Minute-Orders" die von „Last-Second-Offerten" getoppt werden. Der Mittagsschlaf, der keiner sein darf, heißt Power-Nap, das Wochenende wird zum „Speed-Wellness" genutzt, der unerwartet überraschende Arbeitsplatzverlust mutiert zum Outsourcing.

All das und vieles andere Schnelle mehr, kennzeichnen neben der Hast, nur kein Sonderangebot zu verpassen, den hochmobilen Schnäppchenjäger-Alltag. Dafür investiert der Schnäppchenjäger enorm viel Zeit: Hektische Daueraktivität und hoher Energieverbrauch sind der Preis fürs Sparen. Doch die Rechnung eines Lebens nach dem Motto „Es muss im Leben mehr als alles geben – das aber möglichst billig" geht nicht auf. Seine Existenz als Dabeiseinsspezialist mit Überallerreichbarkeit macht den Schnäppchenjäger schlussendlich zum gehetzten Opfer der eigenen Jagdleidenschaft. Seine unproduktive Produktivität erstarrt schließlich zu einem Leerlauf mit höchster Drehzahl.

Schnelle Rede – kurzer Sinn

„Ich kann doch nicht immer meinen, was ich alles sage", antwortete jüngst eine kesse junge Radiomoderatorin einer älteren Kollegin auf den Vorwurf, sie widerspreche sich soeben schon wieder. Sinn, Konsequenz und Logik scheinen in dieser unserer kurzlebigen Zeit zu langsam, zu zeitaufwändig geworden zu sein. Sie passen nicht mehr in diese schnelle Gesellschaft. Man kann sie sich, will man beim Zeitgeistrennen in die Zukunft mitkommen, nicht mehr leisten.

Anders als die junge Radiomoderatorin bemühen sich Politikerinnen und Politiker, ihrer nicht geringeren Sinn- und Ratlosigkeit in Pressemeldungen und Fernsehstatements zumindest den Schein der Sinnhaftigkeit zu verleihen. Mehr als rasch wechselnde Verlegenheitsformeln und inhaltsleere, auf mediengerechte Zeitmuster zurechtgestutzte Allerweltsstatements – „Sinnburger" wäre dafür die treffende Bezeichnung – kommen dabei selten heraus. Sie ähneln auffällig jenem Fast Food, das in grell erleuchteten Imbisshallen, und immer häufiger auch durchs Autofenster, serviert wird. Die Sprechgeschwindigkeit bei Rundfunk- und Fernsehmoderatoren hat enorm zugenommen – und dieses Tempo wird auch von den Gesprächspartnern erwartet. Politiker, so eine Untersuchung aus den USA, hatten in den sechziger Jahren im Fernsehen noch 43 Sekunden Zeit, ohne Unterbrechung ihre Position zu vertreten, 1992 blieben davon noch acht Sekunden übrig. Heute erscheint das vielen Moderatoren immer noch zu lang. Der Politikwissenschaftler Ulf Torgersen kam bei einer Untersuchung norwegischer Parlamentsreden im Rahmen der Haushaltsberatungen zu dem Ergebnis, dass die von den Parlamentariern pro Minute artikulierten Phoneme (Bedeutungseinheiten) zwischen 1945 und 1995 von

584 auf 863 gestiegen sind. Es wird mehr in kürzerer Zeit geredet, gesagt wird dabei jedoch meist weniger. Dafür ist nicht zuletzt der Sachverhalt verantwortlich, dass in einer Welt, in der die Informationsmenge und die Geschwindigkeit des Informationstransports rasant zunehmen, die menschlichen Kompetenzen der Informationsverarbeitung nicht in gleichem Umfang wachsen. So wird fast zwangsweise immer mehr und immer öfter über Inhalte geredet, von denen man wenig oder überhaupt keine Ahnung hat.

Ob rhetorisches Fast Food im Fernsehen oder im Parlament, ob Cheeseburger am Tresen oder am Resopaltisch – die Sättigung ist in allen Fällen nicht nachhaltig. Die Frage nach dem Sinn lässt sich nun einmal nicht auf die Schnelle beantworten. Computerarbeit ist nun mal Oberflächenaktivität. Die Faszination geht heute von der Oberfläche aus. Auch deshalb verzichten immer mehr Menschen auf die Klärung tief gehender Sinnfragen und ersetzen sie durch die nicht weniger große Anstrengung, alles auf einmal machen und erreichen zu wollen. So wimmelt es in den Medien dieser Welt von nichtssagenden Kurzstatements, von oberflächlichen „Briefings", jenem schnellen Weg vom Nichtwissen zum Wissen, der sich in der Wissenschaftsszene bevorzugt in so einfältigen Gewändern wie Thesenpapieren, Exposés und „Abstracts" präsentiert. „Ich lese", das gestehen immer mehr überlastete und überhastete Hochschullehrer, „nur mehr Einleitungen und Zusammenfassungen". Und Prüflinge beichten, sie hätten bei der Prüfungsvorbereitung in erster Linie mal ein wenig „gegoogelt". In einer solchen Welt ist die Frage „Was bin ich?" nicht mehr aktuell – und konsequenterweise fällt sie auch dem Rotstift der Quotenfetischisten zum Opfer. So wird man den Eindruck nicht los, der „Sinn" gehöre vielleicht auch zu jenem „alten Europa", das zu verlassen und zu vergessen wir derzeit mit großem technischem Aufwand genötigt werden.

Nachdem das Nachdenken schon seit Längerem als Erfolgsstrategie an Ansehen eingebüßt hat, sind dieser Entwertung neuerdings auch noch die ehemals gefeierten „Vordenker" zum Opfer gefallen. Heute sind „Gleichzeitigkeitdenker" und „Multitaskingaktivisten" gefragt. Bill Gates, Gründer und Chef des Software-Unternehmens Microsoft, hat es uns allen (wieder mal) gezeigt. Er ist der reichste Mann der Welt. Die rasend schnelle Verbreitung des Multitasking, also der elektronisch gestützten Simultankultur, hat ihm ein milliardenschweres Vermögen eingebracht. Damit kann Herr Gates jetzt vieles machen und vieles andere sein lassen, und das in erster Linie, weil er dafür gesorgt hat, dass auch Milliarden Nutzer inzwischen vieles machen können, was sie vorher nicht tun konnten, und dafür anderes sein lassen können. Was ehemals eine Belästigung war, erlebt und erfährt man heute vielerorts als neue Freiheit. Der rasche Erfolg des Multitasking, die Zunahme der Parallelarbeit, die wachsende Simultanaktivität sind dafür der beste Beleg.

Wer diese Entwicklung ausschließlich als Erfolgsgeschichte, die sie ja auch ist, interpretiert, unterschlägt die Risiken und die Zweifel, die mit allen, speziell aber mit allen hastigen Veränderungen verknüpft sind. Woher eigentlich nehmen wir die Zeit dafür, all das, was wir mit dem Computer tun können, auch zu tun, was wir neuerdings sehen, hören und erleben könnten, auch zu sehen, zu hören und zu erleben, was wir an Informationen vorfinden, auch aufzunehmen und zu verarbeiten, was wir an virtuellen Beziehungen eingehen könnten, auch einzugehen? Wie finden wir uns eigentlich in der Unübersichtlichkeit und den labyrinthischen Verwicklungen des Flüchtigen und der Flüchtenden zurecht? Muss der Mensch dem Computer in seiner Reizverarbeitungskapazität, seiner Funktionsweise und den Wahrnehmungsmöglichkeiten immer ähnlicher werden? Kann man in einer Umgebung massenhafter Möglichkeiten und „Konjunktive" eigentlich gut leben, in einer Welt, in der von

Minute zu Minute alles anders sein könnte? Und muss der Mensch vielleicht in Zukunft selbst konjunktivisch leben, sich andauernd verändern, um schließlich zu jener komödiantischen Figur des permanenten Rollenwechslers zu werden, die die Italiener „Transformista“ nennen? Kann man sich eigentlich in einer Umgebung noch wohl fühlen, in der die Normalität zu einer schützenswerten Seltenheit geworden ist und in der sich die Arbeit und das Leben immer weniger als bisher an Regeln halten? Sind die neuen Freiheiten eventuell nur eine leere Operettenphrase? Droht uns hinter ihnen eventuell nur eine Abart der Vogelfreiheit? Fragen über Fragen, die sich in einer einzigen zusammenfassen lassen: Sind wir eigentlich für jene Welt geschaffen, die wir uns geschaffen haben? Die Antwort auf diese Frage setzt voraus, dass man versteht, wie diese Gesellschaft tickt.

Und die Antworten?

Wer polarisierende Ja-Nein-Antworten erwartet, hat nicht allzu viel aus der Geschichte der Menschheit gelernt. Jede Entwicklung, so die Erkenntnisse aus der Evolutionsgeschichte und auch die Erfahrungen vorangegangener Generationen, birgt beides in sich: Risiken und Gefahren, Chancen und Bedrohungen. Sie verläuft nie eindimensional. Nutzen und Kosten, Gewinne und Verluste lassen sich dabei nicht in die Schemata einer Bilanz einordnen. Auch können weder biologisch-genetische Dynamiken (Evolution) noch gesellschaftliche Veränderungen (Reformen und Revolutionen) in ihren Verläufen vorab präzise kalkuliert werden. Klüger ist man immer nur im Nachhinein. Das unterscheidet das Leben und das Lebendige von der Technik und allen technologisch dominierten Personen.

Auch in der Vergangenheit waren Menschen mit der Dynamik von Entwicklungen konfrontiert und in solche verwickelt, die sie in ihrem sozialen und individuellen Selbstverständnis bedrohten. Auch in längst vergangenen Epochen mussten Wahrnehmungsweisen, Denk- und Handlungsformen, die man für selbstverständlich hielt und die man lieb gewonnen hatte, gewechselt und verändert oder gar abgelegt werden. Die Formen des Zusammenlebens und der Vergemeinschaftung waren einem steten, zumindest begrenzten Wandel ausgesetzt. Und immer wurden sie auch mit dem Ziel, die Lebensverhältnisse zu verbessern, verändert, eingeführt oder abgeschafft. Nur – gelungen ist dies, wie man aus Erfahrung weiß, bei Weitem nicht in allen Fällen.

Dass die gesellschaftlichen, sozialen und individuellen Veränderungen einerseits Ängste mit sich bringen, andererseits große Hoffnungen und Erwartungen im Gepäck haben, ist nicht allzu neu. Den *Homo simultans* wird es freuen, denn so kann er wieder mal etwas vergleichzeitigen: das Neue und das Alte, die Vergangenheit und die gegenwärtige Zukunft, die Hoffnung und die Angst.

Unbarmherzige Eile

Eile macht unsozial, unbarmherzig und hart. Bewiesen haben das die beiden US-amerikanischen Wissenschaftler John Darley und Dan Batson von der Princeton Universität in einem Aufsehend erregenden und zugleich erschütternden Experiment mit Theologiestudenten.

Sie schickten ihre studentischen Versuchspersonen – sie hatten sich zuvor mit der Parabel vom barmherzigen Samariter beschäftigt – mit dem Auftrag in ein etwas entfernt liegendes Gebäude ihres Universitätscampus, um vor ihren Studienkollegen darüber zu referieren. Einen Teil der Studenten setzten die Versuchsleiter unter Zeitdruck. Sie drängten sie, sich bei ihrem Gang zum Vortragsgebäude zu beeilen, da die Kommilitonen dort schon auf sie warteten. Der anderen Hälfte wurde gesagt, sie hätten genügend Zeit, um den Weg dorthin zurückzulegen. Auf dem Weg zum Ort des Vortrags passierten die Studenten einen Seitenweg, wo eine offenkundig dringend der Hilfe bedürftige Person kauerte; ein Schauspieler hatte diese Rolle übernommen und machte durch Husten und Stöhnen auf sich aufmerksam. Die Versuchsleiter wollten herausfinden, wie viele Studenten anhalten würden, um zu helfen, und wie sich der Zeitdruck auf ihre Hilfsbereitschaft auswirken würde. Das Ergebnis: Jene Versuchspersonen, die unter Zeitdruck gesetzt wurden, schauten – bis auf wenige Ausnahmen – nur kurz hin, wandten sich dann ab und hetzten weiter zu ihrem Ziel. Dagegen ging die Mehrheit derer, die von ihren Professoren nicht unter Zeitdruck gesetzt worden waren, zu dem am Boden liegenden Bedürftigen, um Hilfe anzubieten. Versuchspersonen, die Zeit hatten, boten sechsmal häufiger Hilfe an als jene, die in Eile waren.

Mit dem Zeitdruck sinkt die Bereitschaft zu fürsorglichem, prosozialem Verhalten. Eilende, gehetzte und gestresste Menschen zeigen sich weniger hilfsbereit als diejenigen, die sich nicht unter Zeitdruck fühlen. Wir wussten, dass Barmherzigkeit eine Sache des menschlichen Charakters ist, dass sie aber daneben auch eine des Zeitdrucks ist, das gibt zu denken. Mit Recht sind wir auf das stolz, was wir im Hinblick auf die Zivilisierung und die Kultivierung in dieser Welt und in unserer Gesellschaft bisher erreicht haben. Was wird aber aus der Humanität, dem Sinn für Mitmenschlichkeit, Hilfsbereitschaft, Nächstenliebe und Brüderlichkeit, wenn wir immer mehr unter Zeitdruck geraten, kontinuierlich schneller werden und alles tun, um immer noch schneller zu werden? Haben wir dann noch den Blick für das, was links und rechts des Weges passiert und was unseren Schnelllauf zu den selbst gesetzten Zielen gefährden könnte?

Der Sonntag der Woche

Gott hat die Zeit erschaffen, der Teufel die Zeitnot, die Hetze und die Eile.

Ist es so, wie das Sprichwort behauptet, dann führen wir heute eine teuflische Existenz, denn wir leben in verteufelt schnellen Zeiten. Zumindest tun wir das sechs Tage die Woche, und der siebte, der langsamere Tag, soll jetzt auch noch dem Teufel geschenkt werden. Das nämlich steht derzeit zur Debatte. Da kann es nicht schaden, sich eines Realexperiments zu erinnern, das 1914 in England durchgeführt wurde.

Die Briten befanden sich zu dieser Zeit, wie fast ganz Europa, im Krieg. Um die Kriegsproduktion zu steigern, beschlossen Industriellenverband und Regierung, die Bänder auch am Sonntag laufen zu lassen. Eine Maßnahme, die sich jedoch nicht wie erwartet als erfolgreich erwies. Das Gegenteil des Beabsichtigten trat ein: Die Gütermenge nahm ab, die Leistungsbereitschaft der Arbeitenden sank, die Zahl der Störungen im Betriebsablauf stieg. Das Experiment wurde postwendend abgebrochen. Man kehrte kurz nach der „Schnellentsorgung“ des Sonntags wieder zum traditionellen Wochenrhythmus und dem geregelten Wechsel von Arbeit und Ruhe zurück.

Die Lehre aus dem geschilderten Realexperiment ist mehr als deutlich. Sie lautet in einem Satz: Die Arbeitsleistung, gemessen an der Produktionsmenge, hängt nicht nur davon ab, wie lange gearbeitet wird, sondern auch, wie lange **nicht** gearbeitet wird. Wer also die Erhöhung der Produktivität anstrebt, auf leistungsbereite Mitarbeiter Wert legt und den Betriebsablauf von Störungen möglichst frei halten möchte, ist gut beraten, einen Tag in der Woche zum kollektiven „Ruhetag“ zu erklären. Alle, selbst die engagiertesten Versuche, die Menschen und ihre

Arbeitskraft auf Daueraktivität hin zu programmieren, sind bisher so gescheitert wie das englische. Das wird sich aller Voraussicht nach auch in Zukunft nicht ändern.

Für Christen klingt das alles nicht neu. Wie aus der Bibel zu erfahren ist, schuf Gott – auch in England war das 1914 bekannt – die Welt in sechs Tagen, um dann am siebten zu ruhen. Er tat das nicht aus Gründen der Erschöpfung, sondern aus Gründen der Schöpfung. Am siebten Tag hat Gott sich nämlich einen Tag Zeit genommen, um den Rhythmus von Aktivität und Passivität, von Tun und Lassen, Anfangen und Beenden zu erschaffen. Mit diesem Schöpfungsakt erst vollendete er sein Werk. Gott hat seine Arbeit nach sechs Tagen nicht durch einen Tastendruck beendet, er hat sein „Schöpfungs-Programm" auch nicht heruntergefahren und nicht weggeklickt, sondern durch eine demonstrative Handlung aktiver Zurückhaltung vollendet. Der werktätige „Gott" hat seine Aktivitäten abgebremst. Er hat eine Pause gemacht, um mit kritischem Blick auf das zu schauen, was bei seinem Tun herausgekommen ist. Hätte er auf diesen siebten Tag, auf diesen „Nicht-Werktag", verzichtet, hätte er nicht sicher sein können, dass, was er auf den Weg gebracht hat, ihm auch gelungen war.

Der die Woche als Zeiteinheit konturierende herausgehobene Tag, den christlich geprägte Kulturen auf den Sonntag legten, ist die produktive Lücke im Getriebe, die die Menschen und die Gesellschaft zur Besinnung bringt und die dem sozialen Leben einen Rhythmus verleiht. Der arbeitsfreie Sonntag ist der Zwischenraum, der dem nicht immer freiwilligen Dauerlauf durchs Leben Einhalt gebietet und hierdurch die Sicht auf jene Dinge freigibt, an denen der gehetzte Mensch im stressigen Alltag vorbeiläuft. Das hat Christian Morgenstern bereits so gesehen und dem Zwischenraum im Lattenzaun ein schönes Loblied gesungen.

Ohne einen besonderen, herausgehobenen Wochentag wäre die Wocheneinteilung hinfällig, sie hätte ihren Sinn verloren.

Die Woche würde als kalendarische Zeitinstitution nicht weiter existieren. Die Idee, den Monat in kleinere zeitliche Sequenzen zu unterteilen, ist bereits 5000 Jahre alt und fußt auf sozialreligiösen Ritualen früher Kulturen des Zweistromlandes. Ihr Interesse, die Lebensverhältnisse sicherer zu machen, motivierte sie zu regelmäßigen Treffen, um sich dabei auszutauschen, gemeinsame Aktivitäten zu organisieren und, wo das menschliche Handeln Grenzen hat, auch gemeinsam die Götter anzurufen, um sie günstig zu stimmen. Der Kitt, der die verstreut von einander lebenden Gruppen und Gemeinschaften zusammenbrachte und zusammenhielt waren ein gemeinsamer Ort (Tempel) und ein gemeinsamer Zeitpunkt. Was den Zeitpunkt betraf, entschied man sich zu regelmäßigen Treffen im Abstand von sieben Tagen, um Güter und Waren zu tauschen, sich abzustimmen und zu organisieren, gemeinsam zu feiern und zu gemeinsamen Göttern zu beten. So wurde dieser Tag zu einem besonderen, stets wiederkehrende Tag. Er diente zugleich gemeinschaftlichen als auch wirtschaftlichen und religiösen Interessen und Bedürfnissen. Auf diesem Weg entwickelten sich ein gemeinsamer Kult, eine überregionale Kultur und eine gemeinsame Identität.

Daran hat sich bis heute nur wenig geändert. Bis in die Gegenwart ist der regelmäßige Feiertag, bei den Christen der Sonntag, diejenige Zeitinstitution, die dem Sozialen, dem Gesellschaftlichen, dem Kult und der Kultur gewidmet ist. Nicht zuletzt ist das auch der Grund, weshalb wir in Deutschland die politischen Repräsentanten unserer Gesellschaft stets an einem Sonntag wählen. Wenn wir dieser Tradition 5000 Jahre treu geblieben sind, dann deshalb, weil sie anerkennt und immer wieder neu bestätigt, dass der Mensch ein soziales Wesen ist, dass er Gemeinschaft zum Lebensmittel braucht.

Der Sonntag ist also keine Erfindung der Kirchen, wie häufig vermutet, er ist die Erfindung von Gesellschaft und Gemeinschaft. Kurz gesagt: Ohne einen besonderen Wochentag, ohne den Sonntag, wäre die Woche ein 5000-jähriger Irrtum.

Warum aber steht dieser Tag heute zur Disposition? Wie viele andere Fragen, die sich derzeit stellen, ist auch diese eine Folge jener Dynamik, die wir uns „Globalisierung“ zu nennen angewöhnt haben. Die Globalisierung zielt nicht nur auf die Ausweitung des Aktivitätsraumes, sondern ebenso auf die der zeitlichen Handlungsmöglichkeiten. Das wegweisende Medium dieser zeitlichen Expansion ist das Internet. Bekanntlich besitzt es keinerlei Zeitstruktur. Es kennt weder den Tag noch die Woche, kennt keinen Sonntag, keinen Monat und kein Jahr. Es ignoriert all die das Leben ordnenden Säulen des Anfangens und des Beendens, es kennt keine Übergänge, keine Pausen und keine Zwischenzeiten. Es ist ein zeitliches Nirwana ohne die Rhythmen der Natur, auch ohne die Rhythmizität der menschlichen Zeitnatur, und es nimmt keine Rücksicht auf die Zeiten der sozialen Systeme.

Das Internet ist, so gesehen, unnatürlich, unmenschlich und unsozial. Das wiederum macht es so attraktiv. Es besitzt nämlich jene End- und Zeitlosigkeit, auf die der Mensch zu verzichten gezwungen ist, die er aber ersehnt und mit hohem Aufwand erstrebt. Letztlich ist es die – sinnlose – Konkurrenz mit dem Internet und dessen Zeitlosigkeit, die den Einzelhandelsverband dazu treibt, den Sonntag, den es im Internet nicht gibt, auch in seiner analogen Form abzuschaffen, um den Konsum so grenzenlos zu machen, wie er es im Internet bereits ist. Es geht dabei nicht, wie gerne propagiert, um mehr Freiheit, es geht, wenn's überhaupt um Freiheit geht, ausschließlich um die Freiheiten des Warenmarktes und des Geldverkehrs.

„Die Gesellschaft als Ganzes“, so die Mahnung Wilhelm Röpkes, eines der Väter der sozialen Marktwirtschaft, „kann nicht auf dem Gesetz von Angebot und Nachfrage aufgebaut werden.“ Sozial wird der Mensch dann, wenn er das „Nutzlose“, das „Übernützliche“ zu schätzen weiß und wenn er dem Leben jenseits des Erwerbsinteresses eine Chance gibt. Wenn er also in seinem Nachbarn nicht nur seinen Konkurrenten bei der Jagd nach den Schnäppchen dieser Welt sieht. Vertreibt man das „Übernützliche“ aus dem Leben, bleibt nur das Unnütze. Der Sinn des Sinnfreien ist dessen Offenheit vor vorgefertigtem Sinn. Das ist auch der Grund, weshalb sich der Sonntag als „besonderer“ Wochentag aus der Sicht individueller Freiheitsrechte nicht sinnvoll rechtfertigen und verteidigen lässt. Der Sonntag ist kein arbeitsfreier Tag, den man wahlweise auch am Mittwoch nehmen könnte. Gerade heute haben die Individuen den Tag der Gemeinschaft nötiger denn je, denn sie arbeiten, leben und feiern wochentags, wie zu keiner Zeit zuvor, zu unterschiedlichen Zeiten. Insbesondere flexibilisierte Subjekte haben eine gesetzlich festgeschriebene Sonntagsgarantie nötig, um die Chance zu haben, zueinanderzufinden, zueinander zu kommen und nicht ständig aneinander vorbeizulaufen.

Um das zu gewährleisten, schränkt das deutsche Grundgesetz an einem von sieben Wochentagen die Handlungs- und Erfahrungsmöglichkeiten ein, mit der Absicht, anderen Handlungs- und Erfahrungsmöglichkeiten, genannt sind im Gesetz „Arbeitsruhe“ und „seelische Erhebung“, eine Möglichkeit zu eröffnen. Das taten die Väter und die wenigen Mütter des Grundgesetzes nicht etwa, weil sie eben mal Lust dazu hatten, und auch nicht, weil sie den Kirchen einen Gefallen tun wollten; nein, sie entschieden sich bewusst und aus Interesse an der Vergesellschaftlichung der Menschen für den Erhalt der Wochenstruktur als sinnvoller und bewährter Zeitinstitution und gegen ein völlig durchkapitalisiertes Leben.

Der Schutz des Kollektivgutes „gemeinsame Zeit“ gerät jedoch dann unter Rechtfertigungsdruck, wenn sich das, was als „Freiheit“ verstanden wird, ausschließlich auf die Erweiterung der Wahlfreiheiten auf unterschiedlichen Märkten beschränkt. Ein solch individualistisches Freiheitsverständnis würde es ebenso legitimieren, die mit der Woche etwa gleichaltrigen Pyramiden zugunsten eines profitablen Einkaufs- und Vergnügungszentrums einzureißen. Novalis sprach in diesem Zusammenhang von „grobem Eigennutz" und verspottete diesen als „das notwendige Resultat armseliger Beschränktheit". Die Einschränkung der Wahlfreiheiten geschieht im Falle des Sonntagsgebotes nicht, um die Freiheit zu reduzieren, sie geschieht um der Freiheit willen. Hingegen ähnelte die Ausweitung der Herrschaft des Zeit-ist-Geld-Prinzips auf sämtliche sieben Tage der Woche in fataler Weise der unklugen Entscheidung eines Bauern, seine letzte Kuh zu verkaufen, um sich von dem Erlös eine Melkmaschine anzuschaffen.

Ach ja, der Fortschritt …

Der Fortschritt schreitet voran – was soll er auch sonst tun. Seit seinem Auftauchen vor 250 Jahren treibt er die Menschen mit dem Slogan „Vorwärts immer – rückwärts nimmer“ an – und er wird das weiterhin tun. Von Ermüdungserscheinungen keine Spur, selbst wenn der Glaube an die Einlösung seiner Versprechen in letzter Zeit abgenommen hat. Ganz unabhängig davon, dass man daran zweifeln kann, ob das, was eine Mehrheit „Fortschritt“ nennt, auch wirklich einer ist, geht's mit ihm weiter und weiter und weiter. Dafür sorgen zuallererst der Kapitalismus und jene Personen, Gruppen und Organisationen, die von ihm profitieren. Dazu zählen an erster Stelle Techniker, Ingenieure, Architekten, Mediziner, Politiker, aber auch Lehrer und Lehrerinnen, Berater und Beraterinnen sind dabei.

Darüber hinausgehend hat der Fortschritt noch viele weitere Anhänger, die sich dann zeigen und engagieren, wenn's darum geht, ihm die Wege so frei zu räumen, dass er seine Schritte, fort von dem was war und ist, noch ein wenig mehr beschleunigen kann. Die einen sorgen für Räume und Orte, die anderen für die geeigneten Zeiten und dritte für die angemessenen Geräte. Darüber hinaus engagiert sich auch noch eine nicht geringe Anzahl von Personen in der Erziehung zum Fortschritt und dessen Akzeptanz. Ob dabei „Fortschritt“ für das, was sich so überstürzt heutzutage alles ändert, noch der richtige Begriff ist, wird zwar hie und da angezweifelt, bis hin zur gewagten These der Fortschritt hätte seine Zukunft hinter sich, aber den Fortschritt hält das in seinem Fortgang nicht auf. Die geäußerten Zweifel kann man nur insofern teilen und nachvollziehen, als wir nach dem Eintritt ins 21. Jahrhundert nicht mehr fort-schreiten, sondern fort-rasen.

Denn wenn Fortschritt etwas mit Veränderungen zu tun hat, und wer würde daran zweifeln, dann ändert sich die Welt dieser Tage schneller denn je. Versteht man jedoch unter Fortschritt die zunehmende Verbreitung jener Inhalte, Ziele und Werte, die nicht ganz frei vom Pathos der Aufklärung proklamiert wurden – die also das kontinuierliche Fortschreiten zu einer aufgeklärten, einer besseren, reicheren und gerechteren Welt zum Ziel hatten –, dann kann man durchaus gute Argumente für die Einschätzung finden, dieses Konzept solle zumindest teilweise als gescheitert erklärt werden. Nicht zuletzt deshalb, weil uns Zeitgenossen des 21. Jahrhunderts inzwischen eine Vorstellung von Fortschritt, die nicht „schneller, höher, mehr" heißt, abhanden gekommen ist.

Der Spätaufklärer Wittgenstein hat das lange vor den schreibwütigen französischen Intellektuellen der siebziger Jahre erkannt, als er seinen *Philosophischen Untersuchungen* das Nestroy'sche Motto voranstellte: „Überhaupt hat der Fortschritt das an sich, dass er viel größer ausschaut als er wirklich ist."

Bestes Beispiel dafür ist das Fortschrittssymbol schlechthin, das Automobil. Zur fahrbaren Ideologie geworden, konnte es nur durch die notorische Verdrängung der Tatsache zum Leuchtturm des Fortschritts werden, dass zugleich mit dem Auto auch der Autounfall erfunden wurde. Die inzwischen weltweit mehr als 20 Millionen Verkehrstoten sind ein beredtes Zeugnis für diese Verdrängungsleistung. Ganz zu schweigen von den unübersehbar riesigen Schäden an der Umwelt, der Vernichtung von ehemals blühenden Landschaften und deren Ersatz durch menschenfeindlich zugerichtete Lebensräume. In Deutschland hat's der Fortschritt fertiggebracht, dass jede noch so kleine Ortschaft inzwischen einen Schnellstraßenanschluss vorweisen kann. Ganz Deutschland liegt heute an der Autobahn. Die aber, und diesen Trost haben wir Karl Valentin zu verdanken, ist Gott sei Dank nicht so breit, wie sie lang ist. Doch wie lange wird das noch so sein?

Verstehen wir, und das ist heute der Fall, unter Fortschritt zuallererst die Expansion und die Intensivierung des Verwertungsprinzips, sprich des Marktes in Zeit und Raum, dann hat sich dieser Fortschritt in einem kaum vorstellbaren Ausmaß beschleunigt. Ein Ende ist dabei nicht abzusehen. Konnte man die Zeit ehemals als sanftmütige Göttin bezeichnen, wie Sophokles dies tat, so hat sie sich inzwischen in einen Eilteufel verwandelt. Das Tempodrom, in das wir uns längst hineinbegeben und eingerichtet haben, operiert heute mit der Grenzgeschwindigkeit der elektromagnetischen Wellen. Bekanntermaßen stellen diese jedoch eine unüberwindbare Barriere für den auf Schnelligkeit und deren Steigerung angewiesenen Konkurrenzkapitalismus dar.

Die Geschichte der Beschleunigung begann mit dem Einsatz der Kavallerie im militärischen Bereich, setzte sich vor 170 Jahren mit der Erfindung der Eisenbahn fort und beschleunigte sich schließlich durch das Automobil und das Flugzeug bis hin zum elektronischen Datentransport. Damit war dann jedoch das Prinzip „Beschleunigung durch immer höhere Schnelligkeit" an seinem Ende angekommen. Der auf Beschleunigung angewiesene Kapitalismus wäre das folglich ebenfalls, wäre ihm keine Alternative eingefallen. Vor etwa 30 bis 40 Jahren stieg er auf ein neues Beschleunigungsprinzip um. Seitdem zieht er seine Beschleunigungskräfte vornehmlich aus der Steigerung der Aktionsverdichtung pro Zeiteinheit. „Multitasking" heißt das von jenseits des Atlantiks importierte Zauberwort. Mehrheitlich wird in diesem Zusammenhang von einem „Fortschritt" gesprochen, einen Fortschritt, von dem man weder weiß, wohin er führt, noch, welche Nebenwirkungen er bei seinem Marsch nach vorne im Rucksack mit sich schleppt.

Funktionierte die Beschleunigung der Beschleunigung bereits bisher weitestgehend als Selbstzweck, so tut sie das im Zeitalter des Multitasking noch mehr. Das Schnellere, das

Neuere, das Umfangreichere gilt als das Bessere, eben weil es schneller, neuer und mit noch mehr Funktionen ausgestattet ist. Beim Kampf um die Pole Position haben diejenigen die besten Aussichten vorne zu stehen, die sich am flexibelsten zeigen, die besonders viel Zeit sparen und die meisten Sensationen in eine Zeiteinheit pressen. Wohin das führen und für was das alles gut sein soll, das steht nicht zur Debatte.

Die das Leben einstmals begleitenden und strukturierenden Leitbilder der Vollendung, des Genug, des Dauerhaften wurden längst zu einer Zumutung, die man abzuwehren sich bemüht. Alle festen, stabilen, langfristig gültigen und dauerhaften Elemente und Strukturen werden flexiblen Ansprüchen geopfert. Wer wissen will, wohin die rasende Fahrt geht, findet die Auskunft in den Betriebsanleitungen unserer beliebten Navigationsinstrumente. Dort stößt man auf den informativen Hinweis: „Sie können Ihren Heimatort jederzeit durch Antippen von ‚Heimatort ändern‘ einstellen oder ändern, es braucht sich dabei nicht um ihre tatsächliche Wohnadresse handeln."

So oder so ähnlich, schreitet die Welt voran und damit ihre räumliche und zeitliche Möblierung. Was nicht so schnell voranschreitet, ist der Mensch. Er ist, was seine physische und seine psychische zeitliche Grundausstattung anbelangt, äußerst konservativ. Er kann nicht anders. Er muss zum Beispiel immer noch regelmäßig schlafen, benötigt immer noch Orte, nicht nur Räume, an denen er sich niederlässt, er strukturiert die Zeit auch weiterhin, wie immer schon, durch Anfänge, durch Abschlüsse und Übergänge. Und immer noch, das wird mehr und mehr als Skandal empfunden, hat der Mensch ein zeitliches Ende. Das alles braucht der Kapitalismus nicht, und von seinem Ende spricht er auch nicht und weigert sich, eines zu sehen. Die Konkurrenzwirtschaft braucht Nonstop-Aktivität, braucht Zeitordnungen, Räume und maschinelle Hilfsmittel, die diese Nonstop-Aktivität ermöglichen und absichern. Der Mensch, und täglich wird das zu einem größeren Problem, „tickt" hingegen, wie alles Lebendige, im rhythmischen Wechselspiel von Aktivität und Passivität, von Schnelligkeit und Langsamkeit, Flüchtigkeit und Dauer. Dass ihm der Rhythmus, wie es eine Schlagerweisheit sagt, im Blut liegt, zeigt sich auch in der erstaunlichen Tatsache, dass vier von fünf Autofahrern, die allein in ihrem Gefährt sitzen, regelmäßig das Singen anfangen. Auch die von Städtern bevorzugt an Wochenenden ausgelebte Sehnsucht nach einer intakten und harmonischen natürlichen Umgebung, in der sich die Rhythmen des jahreszeitlichen Wandels erleben und genießen lassen, ist ein Fingerzeig auf das Bedürfnis des Menschen nach Rhythmuserfahrungen.

Die Rhythmen des Lebendigen sind jedoch für den prinzipiell grenzenlosen Expansionsbedarf der kapitalistischen Ökonomie und deren Zeit-ist-Geld-Logik hinderlich, da sie ein „Genug" kennen, Maße andeuten und setzen und Grenzen haben. Permanente Unruhe, ununterbrochene Bewegung, endlose Ruhelosigkeit und eine sich fortwährend verschärfende Zeitnot, wie sie das einzig die „Gewinngröße als Erfolgsindex und Siegespfosten" (Schumpeter) anerkennende ökonomische Konkurrenzsystem verlangt, belastet, gefährdet und zerstört die Rhythmizität des Lebendigen. Menschen sind nicht endlos aktiv, sie brauchen nun mal Orte, besonders aber Zeiten zum Ausruhen. Dafür brauchen sie unter anderem Bänke. Die Ökonomie braucht diese nicht, sie braucht Banken, keine Bänke. Menschen haben Grünanlagen nötig, die Wirtschaft hingegen Geldanlagen. Das Soziale, Gemeinschaften, Gesellschaften, Familien brauchen Werk- und Sonntage, die Ökonomie hingegen Markttage, endlose und pausenlose Markttage!

Solange man für den
Aufgang der Sonne
nicht zahlen muss,
glaub ich nicht,
dass Zeit Geld ist.

Schnelles Geld

Plädoyer für eine Kultur des Dazwischen

Selbst Fortschrittskritiker, sind sie nicht allzu verstockt, können es akzeptieren, dass es bei den Methoden der Krisenbewältigung in den vergangenen 50 Jahren einige positive Entwicklungen gegeben hat. Rief man früher, schnell bei der Hand, in Krisen die Bürger zu den Waffen, fordert man sie heute vor allem zum Lernen auf. Die „Finanzkrise" ist dafür ein vorzeigbares Beispiel.

Politiker fordern Banker und Börsenjongleure in wenig zurückhaltenden Appellen zum raschen Umlernen auf. Die Banken schicken, nicht nur als Reaktion auf das politische Drängen, ihre Bankberater in interne und externe Bildungsveranstaltungen, die geschädigten Sparer und Sparerinnen strömen in Volkshochschulen, um sich dort ein Bild zu machen, wie es denn überhaupt zu ihren Verlusten und Finanzeinbußen kam und wie sie sich zukünftig dagegen schützen können, und die Studierenden der Wirtschaftswissenschaften lassen sich von ihren Professoren und Professorinnen erklären, warum passierte, was passierte, und es niemand hat kommen sehen. Kurz gesagt: Die Welt bemüht sich, aus der Finanzkrise die Lehren zu ziehen – zumindest tut sie so, als sei das ein guter Anlass zum Lernen. Herausgekommen jedoch ist dabei nicht allzu viel, bisher zumindest.

Die Hoffnungen, dass sich das ändern wird, sind gering. Dazu hätte man nämlich schon lange vor dem Fiasko Gelegenheit gehabt, hätte man sich nur einmal Zeit genommen, bei Gottfried Keller im *Fähnlein der Sieben Aufrechten* nachzulesen. Dort lässt Keller einen Handwerksmeister die prophetischen Worte sagen: „Es wird eine Zeit kommen, wo in unserem Lande, wie anderwärts, sich große Massen Geldes zusammenhängen, ohne auf tüchtige Weise erarbeitet und erspart worden zu sein;

dann wird es gelten, dem Teufel die Zähne zu weisen; dann wird sich zeigen, ob der Faden und die Farbe gut sind an unserem Fahnentuch." Die Zeiten, vor denen Keller so engagiert warnt, hat er dann noch selbst erleben müssen. In seinem Alterswerk, *Martin Salander* nimmt er Abschied von einer Republik, die ihre Substanz und Glaubwürdigkeit durch grenzenlose Profitsucht verspielt hat. Doch diesen „Martin Salander" haben die Blitzkrieger der Finanzmärkte nie gelesen, und wenn sie es gegen alle Wahrscheinlichkeit trotzdem getan haben, dann haben sie Kellers Warnhinweise nicht verstanden.

Tempobolzer

Inzwischen wissen wir, dass das Desaster maßgeblich durch realitätsblinde, überhitzte Hochgeschwindigkeitstransfers, durch kurzfristige Anreizsysteme, besinnungslose Spielermentalität und mangelndes Verantwortungsbewusstsein verursacht wurde, allesamt Verhaltensweisen, die man gemeinhin mit dem Wort „Gier" bezeichnet. Nicht ganz grundlos, da die neuen Herren über das Reich der Zeit, die Finanzjongleure, Wert darauf legen, mindestens doppelt so viel zu verdienen, wie sie für ihr Leben brauchen. Ihr Ehrgeiz und ihr Streben sind ohne Unterlass darauf ausgerichtet, mehr aus der Zeit herauszuholen, als in ihr drin ist. Genug ist ihnen nie genug. Die Frage, wer eigentlich die Zeit gemacht hat, insbesondere aber, wer sie so gemacht hat, dass sie immerzu wie Windhunde hinter dem Hasen herhetzen müssen und wollen, interessiert sie schon deshalb nicht, weil sie der Überzeugung sind, keine Zeit zu haben, darüber nachzudenken. Sie sind sich nur sicher, dass für sie dabei zu wenig abgefallen ist.

Wieder einmal sind wir mit der Frage konfrontiert, ob das Wachstums- und Wohlstandsmodell des „immer schneller, immer mehr, immer weiter" sich möglicherweise als Illusion herausstellt und in eine Sackgasse führt. Nur hartnäckige Ignoranten und unbelehrbare, besinnungslose Tempobolzer sind der Meinung, mit den bei den Finanztransfers üblichen, jedes menschliche Zeitmaß sprengenden, entfesselten Zeitdynamiken weitermachen zu können, wie sie das bisher getan haben. Umso mehr verwundert es, dass in den derzeit geführten Debatten über eine bessere Risikovorsorge im Finanzsektor die sich als zerstörerisch erweisenden Zeitmuster des Kapitalverkehrs keine Rolle spielen. Die Vermutung liegt nahe, dass wir einen derartigen Zeitdiskurs meiden, weil wir ahnen, dass der die Zeit nötig hat, die wir glauben, nicht zu haben. Doch wie immer, die Zeit, die man sich heute nicht nimmt, wird man sich morgen nehmen müssen – dann aber erheblich mehr.

Bemüht man den arg strapazierten Begriff „Krise" ein weiteres Mal, dann kann man von einer gegenwärtigen „Krise" der Übergänge sprechen. Die Geschichte der Übergänge ist auch eine Geschichte, bei der sich der Fortschritt als eine Art „Wegschritt" von der originären Anschauung und Erfahrbarkeit von Übergängen zeigt. Was die Soziologen als den Wandel von der Industrie- zur Dienstleistungs- bzw. zur Informationsgesellschaft beschreiben und grob vereinfachend mit den Etiketten der Entgrenzung, der Individualisierung und der Ökonomisierung ausstatten, kann als ein breit angelegter Angriff auf Zwischenräume und auf Zwischenzeiten, also das, was wir Übergänge nennen, begriffen werden.

Im Internet hat das auf infinite Zeitverkürzung und Zeitverdichtung zielende Prinzip ökonomischer Rationalität sein ideales Medium gefunden. Nicht zuletzt, weil es der Illusion Vorschub leistet, das reale Leben könne ebenso flexibel und übergangslos wie das virtuelle gelebt werden. Das Internet kennt bekanntlich weder einen Anfang noch ein Ende, es kennt keinen Mittelpunkt, keine Zwischenzeiten und keine Zwischenräume, und daher kennt es auch keine Übergänge. Das konkrete Leben kennt diese aber sehr wohl, und es kann auch nicht darauf verzichten. Das Internet verflüssigt alle Zeitarrangements und ersetzt die traditionelle Kultur des Beginnens und des Beendens durchs punktuelle und beliebige Ein- und Ausschalten. Das Internet funktioniert nach dem Kippschalterprinzip, es ist übergangslos, kennt nur die schlichten Differenzen von ein/aus, online/offline. Beherrschen lässt sich das Internet nicht. Wer es nutzt, wird von ihm in ein zeitliches Nirvana gespült. Für die wirklich wichtigen Dinge des Lebens, die immer noch analog geschehen, hat das gravierende Folgen. Der Kollaps der Finanzmärkte, aber nicht nur dieser, hat die Folgen offensichtlich werden lassen.

Die forcierte Eliminierung aller Zwischen- und Leerzeiten führte mit der Einführung des Hochfrequenzhandels, bei dem Computersysteme im Millisekundentakt Wertpapiere kaufen und verkaufen, zu unvorhersehbaren Folgen und Auswirkungen. Unkontrollierbar und dramatisch wurden diese in jenem Augenblick, als nur noch hochgerüstete Maschinen mit Maschinen kommunizierten und im Wettstreit um Zehntelprozentpunkte gegeneinander antraten. Der GAU des Finanzsystems war, darin sind sich die Experten weitestgehend einig, auch das Resultat eines durch Kontrollverlust ausgelösten Blindfluges, dem alle Zeiten der Besinnung, des Nachdenkens und der Reflexion abhanden gekommen waren. Die Risiken werden unkontrollier- und unbeherrschbar, wo die Prozessgeschwindigkeit der Echtzeit-Medien das Tempo der Geschäftsabläufe bestimmt und zu einer Art „Herzkammerflimmern" führt.

Wo die traditionell jegliches Handelsgeschehen legitimierenden Fragestellungen: „Was muss ich fürchten?", „Was kann ich erwarten?" aus Gründen der Zeitnot nicht mehr gestellt und schon gar nicht beantwortet werden, wird jedes Geschäft zum Vabanquespiel. Wer nicht weiß, was er nicht wissen kann, und das ist die Situation der Finanzexperten, sollte wenigstens ab und zu Zeit haben, auf das zu schauen, was er tut. Die aber fehlt einer im Bereich der Millisekunden operierenden Finanzwirtschaft, die erheblich schneller arbeitet als die Gehirne der dort agierenden Personen. So rast man denn blind mit Höchstgeschwindigkeit in die Katastrophe und – was die Katastrophe noch ein wenig katastrophaler macht – man tut es mit beispielloser Selbstsicherheit. Sorglos, so kann man mit Pascals Worten formulieren, eilen sie in den Abgrund, nachdem sie etwas vor sich aufgebaut haben, was sie daran hindert, ihn zu sehen.

Verpfändung der Zeit

Was wir „Finanzwirtschaft" nennen, ist jedoch letztlich nichts anderes als ein Risikogeschäft mit der Verpfändung von Zeit. Es ist ein Geschäft mit dem Morgen und zuweilen auch mit dem Übermorgen. Das aber kann gar nicht anders als hoch spekulativ sein, also ein Eldorado für Luftikusse und deren gut geölte Versprechen, die sich notwendigerweise, und das eher über kurz als über lang, als Luftpapiere und Tüten ohne Inhalt, die um den Globus gehetzt werden, herausstellen.

Der Finanzmarkt, insbesondere der des unkontrollierten und unkontrollierbaren Hochfrequenzhandels, der winzigste Bruchteile einer Sekunde zu Konkurrenzvorteilen nutzt, kennt nur mehr den profitablen Moment. Die Zukunft kennt er nicht, zumindest so lange nicht, bis diese ihn, wie kürzlich geschehen, auf schmerzhafte Art und Weise überrascht. Das Nutzendenken der Finanzmärkte ist kurzfristig und deshalb auch kurzsichtig. Über Gewinn und Verlust entscheiden Millisekunden. Es ist zugleich maßlos und sinnlos. Maßlos ist es, da es kein „Genug" kennt, und sinnlos ist es, weil Sinn stets nur langfristig herstellbar ist. Wo nichts mehr den schnellen und immer schneller rotierenden Kreislauf der Nützlichkeit verlässt, wo ein extrem fixer Kauf und Verkauf von Wertpapieren über Computer ohne menschliches Zutun dominiert, herrscht zwangsläufig die Unkultur der Schnellschüsse. Man erkennt sie an den verzweifelten Versuchen, den dabei entstehenden Problemen und Krisen durch immer mehr Tempo und noch mehr Aktionismus zu entfliehen. Mehr oder weniger ungewollt bestätigte das einer jener führenden Investmentbanker, der, nachdem er sich und das Geld seines Instituts verzockt und anschließend nach der Hilfe des Vaterlands gerufen hatte, vor einer Fernsehkamera offenherzig gestand: „Allmählich beginnen wir zu begreifen, was da gelaufen ist."

So ehrlich hatte bis dahin keiner der Täter eingeräumt, dass selbst die Spitzenverdiener in den Vorstandsetagen die Orientierung verloren hatten und nicht mehr wussten, was sie da eigentlich in Gang gesetzt haben. Sie hatten anscheinend nicht einmal mehr die Zeit, sich die Frage zu stellen: „Wohin führt das eigentlich, was wir hier tun?" Falls sie sie hatten, dann jedenfalls haben sie sich diese nicht genommen. Warum aber lassen wir eine Aussage wie diese als Entschuldigung durchgehen? Warum geht's uns in diesem Zusammenhang nicht wie Walter Benjamin, der der Meinung war, jeder könne zwar seine Meinung haben, doch manche verdienten Prügel? Könnte es sein, dass wir es auch deshalb tun, weil wir uns in stiller Komplizenschaft von der Aussicht aufs schnelle Geld ebenso zur Gier und zu besinnungsloser Hektik haben verführen lassen?

Sträflich vergessen haben die Tempomacher der Finanzwirtschaft dabei nicht nur die physikalische, sondern auch die soziale Binsenwahrheit, dass Beschleunigung nur dort und dann kalkulierbar und beherrschbar bleibt, wo auch intakte Bremssysteme vorhanden sind. Je schneller ein Auto fährt, je dauererregter und hektischer die Tempoverschärfung, umso unverzichtbarer sind situationssensibel abgestimmte Bremsvorrichtungen, die das Verzögern, Abbremsen, Verlangsamen und Umsteuern erlauben. Im Alltag, aber auch in der inneren und äußeren Natur, haben die Zeiträume des Dazwischen diese Aufgabe. Pausen, Wartezeiten, Innehalten und sonstige abgebremste Zeitenqualitäten haben die Funktion, Handlungsabläufe und Verhaltensprogramme zu entkoppeln, zu unterbrechen, um neuen Ideen, zusätzlichen Informationen und Revisionen eine Chance zu geben. Es ist diese Fähigkeit, Handlungen selbsttätig zu unterbrechen, zu steuern und umzusteuern, die den Menschen vom Tier unterscheidet. Das Dazwischen, so lehren es uns die Anthropologen, sorgt beim Menschen für die Unterbrechung des Automatismus zwischen Antriebsbereitschaft und Folgehandlung.

Die eindimensional auf Konkurrenzvorteile ausgerichtete Zeitspardynamik macht alle Zeitgenossen zu Gefangenen eines maßlosen Wachstums, und das wiederum bügelt alle Zeitfalten, als da sind Pausen, Innehalten, Anfangen, Abschließen, Abwarten usw., glatt. Sie führt zu einer immer dramatischere Züge annehmenden Verknappung der Zeit und zu einer Ökonomisierung des gesamten Aktivitätsspektrums. In einer derart beschleunigten Welt, das beweist die Finanzwirtschaft nur allzu deutlich, übernimmt niemand mehr Verantwortung. Ohne die Zeiten des Dazwischen werden Leben und Arbeiten zu einer „fortwährenden Ablenkung, die nicht einmal zur Besinnung darüber kommen lässt, wovon sie ablenkt". Ein Satz von Kafka, von dem man sich wünschte, er hinge über den pompösen Eingängen der Bank- und Börsengebäude.

Bewegungsfuror

Alles, was auf den Finanzmärkten geschieht, geschieht voller Ungeduld. Schnell ist dort immerzu nie schnell genug. Aus kleinsten und noch kleineren Zeitvorsprüngen kann Geld und noch mehr Geld gemacht werden. Die Zeitvernichtungsdynamik des Hochfrequenz-Computerhandels kennt keine regenerativen Räume und keine regenerativen Zeiten, keine Intervalle, keine Pausen, keine Übergänge und auch keine Anfangs- und Schlussglocke mehr. Die computergesteuerten Handelssysteme stehen niemals still, ob am Tag oder in der Nacht. Zu jeder Zeit, rund um die Uhr, sind irgendwo auf dem Globus Banken und Börsen geöffnet. Mit der Konsequenz, dass alle Zeit der Welt zu einer Art Rohstofflager geldwerter Handelsaktivitäten mutiert. In seiner zeitlichen Grenzen- und Maßlosigkeit, in seinem Bewegungsfuror steuert dieses rastlose System zwangsläufig auf den Kollaps zu. Realitätsblind starrt es ausschließlich auf mögliche Geldgewinne durch noch mehr Zeitverdichtung. Unter den Tisch fallen dabei die Zeiten des „Dazwischen“ und ungenutzt bleiben deren Produktivkräfte. Die problematischen Folgen sind jedoch nicht dem Computer anzulasten, sondern denjenigen, die sich des Computers bei ihren Geldgeschäften bedienen. Verantwortlich für den Schatten ist nicht das Objekt sondern das Licht, von dem er bekanntlich erzeugt wird.

Man hätte es wissen können: Robert Musil hat in seinem *Mann ohne Eigenschaften* darauf hingewiesen: „Die Formel dieser Zeit [...] lautet: das Geld ist das Maß aller Dinge. Ihr negativer Ausdruck heißt: das menschliche Tun trägt kein Maß mehr in sich.“ Musil spricht die Maßlosigkeit an, eine Maßlosigkeit, die nicht nur auf den Sachverhalt zurückzuführen ist, dass Zeit in Geld verrechnet wird, sondern insbesondere darauf, dass immer mehr Zeit in immer mehr Geld verrechnet wird.

Der Crash der Finanzwelt, das böse Ende dieses finanzökonomischen Blitzkrieges, war aus diesen Gründen abzusehen. Auch deshalb, weil mit der exponentiell wachsenden Optionsflut im Finanzsektor keine entsprechende Steigerung der Verarbeitungspotenziale des menschlichen Gehirns korrespondierte. Das menschliche Gehirn arbeitet, im Vergleich zur Schnelligkeit der Datenübertragung – diese vollziehen sich inzwischen mit mehrfacher Schallgeschwindigkeit – langsam. Zwei Belege für diese Form der Überforderung:

- 2008 gab die Züricher Börse, nicht ohne Stolz, bekannt, dass es ihr gelungen ist, die Zahl ihrer Finanztransaktionen pro

Sekunde von 45 im Jahr 1996 auf 3000 zu erhöhen. Wohlgemerkt: pro Sekunde.

- Das zweite Beispiel zeigt den Effekt: Offen berichtet ein Börsenmakler einem Journalisten über seine Tätigkeit: Auf den Bildschirmen vor ihm laufen sekündlich Aufträge ein. Insgesamt 75 Chats hat er offen, mit 75 potenziellen Kunden ist er gleichzeitig online. Und dann läutet noch das Telefon, pausenlos. Mit den Kollegen um sich herum spricht er nie länger als zehn Sekunden.

Problematisch daran ist jedoch nicht das jedes menschliche Maß überschreitende Tempo, problematisch ist dessen Normalität, die auf die übrige Lebenswelt ausstrahlt. Die Risikogeschäfte mit dem Morgen beeinflussen das Heute, wirken auf die Gegenwart ein und dominieren sie.

Der Hochgeschwindigkeits-Ökonomismus der Finanzwirtschaft arbeitet sich tendenziell in annähernd alle sozialen Interaktionen und menschlichen Beziehungen vor und provoziert eine immer kleinteiligere Zeiteinteilung und eine durchgehend kalkulatorische Gesinnung. In welch großem Umfang die Hochgeschwindigkeits-Ökonomie inzwischen die Zeitmuster der Lebenswelt prägt, sieht man ihr deutlich an: Schnellabfütterungs-Anstalten an jeder zweiten Straßenecke, inhaltsleere Kurzstatements auf allen Kanälen, die Verdoppelung der Sprechgeschwindigkeit in den Medien, in den Betrieben und im Parlament, Speed-Datings und Internet-Kontaktbörsen als Beziehungsersatz, statt Kaffeestündchen nur noch Espressosekündchen, statt Mittagsschlaf der Power-Nap, statt Tätigkeit allüberall umtriebige Geschäftigkeit. Wo das schnelle Geld verdient und schnell auch wieder verloren wird, liegt, wie das im Silicon Valley der Fall ist, die Scheidungsrate bei 80 Prozent. Kinder trifft man dort nur mehr selten an, sie gelten als Beschleunigungsbremsen. Typisch dafür die Antwort eines erfolgreichen

Jungunternehmers auf die Frage einer Journalistin, ob er sich denn Kinder wünsche. Seine Antwort: „Ja – aber nicht die ganze Zeit".

Bittere Realität und leider kein Witz sind die Schilder in der Hongkonger U-Bahn, die den Fahrgästen unter Strafandrohung das untätige Warten und Herumstehen untersagen. Und in London, auch das eine große Finanzmetropole, verlangen die innerstädtischen Geschäftsleute von der Stadtverwaltung, um die bereits hohe Durchlaufgeschwindigkeit noch ein wenig mehr zu steigern, langsam Gehende mit Bußgeldern zu bestrafen und separate Fußwege für Eilige anzulegen. Italo Svevo hatte das bereits vor 100 Jahren kommen sehen, als er beobachtete: „In den belebtesten Straßen Londons ist ein Mensch dem anderen nichts weiter als ein Hindernis beim Gehen." Die Langsamen, so die Argumentation „stören die Harmonie". Doch welche Harmonie? Es kann sich nur um die des schnellen Geldes handeln.

Die Beispiele illustrieren das Ausmaß, in dem die Zeit-ist-Geld-Mentalität ihre ökonomische Heimat verlassen und, wie der Knöterich den Balkon, den Alltagsbetrieb inzwischen erobert und überwuchert hat. Die gesamte Lebenswelt in all ihren Facetten ist inzwischen ökonomisch infiziert. Das gilt für die Art und Weise, wie wir die Dinge wahrnehmen, ebenso wie für unser Denken und Handeln. Die Allgegenwart der Zeit-ist-Geld-Imperative liefert die Subjekte der Dynamik maßloser Ansprüche dem Zwang zu ungezügelter Beschleunigung und einer entmenschlichenden „Nützlichkeitsmoral" von Leistung und Gegenleistung aus. Längst ist die „Verkundung" der Subjekte in vollem Gange, ebenso wie die „Vermarktung" ihrer Beziehungen.

Markt ist heute überall. In jüngster Zeit auch an den Universitäten. Studiengänge werden geplant, als handle es sich um eine Aufgabe für Fahrplankonstrukteure der Bahn AG. Das

Produkt „Student" wird, ausschließlich Effizienzkriterien gehorchend, in möglichst kurzer Zeit „bearbeitet" und „fertiggestellt", um dann umgehend am Markt platziert werden zu können. Zeiten des Übergangs, des Dazwischen, offene, ungeplante Zeiten, Zeiten der Besinnung, des Nachdenkens, des Verarbeitens werden in den universitären Wissensschmieden nicht weniger missachtet als in der Hochgeschwindigkeits-Welt der Finanzgeschäfte. Die Balancen zwischen der Ökonomie und den traditionell ökonomiefernen Segmenten des gesellschaftlichen Lebens haben sich gravierend verschoben und sind aus dem Gleichgewicht geraten. Dass die Steigerung des materiellen Wohlstands auch zu einer Steigerung des subjektiven Wohlbefindens führt, hat sich als Illusion erwiesen. Zwar hat die Zunahme des Geld- und Güterwohlstands den Lebensstandard deutlich verbessert, sie hat aber weder zu mehr Lebensqualität noch zu größerer Zufriedenheit der Bevölkerung geführt. Und demnach nicht zu dem, was unser Leben lebenswerter macht.

Ähnliches gilt für das immer wieder angekündigte und in Aussicht gestellte Wachstum des Zeitwohlstands. Es ist das wohl am wenigsten eingelöste Versprechen der Beschleunigungsmoderne. Das Gegenteil des Angekündigten ist eingetreten. Die „Übernutzung" der Zeit hat zugenommen mit der Folge, dass Zeitnot, Hetze und Stress größer und größer wurden und die Klagen über sie dabei lauter und lauter. Den Zielkonflikt zwischen Güterwachstum und Mehrung des Zeitwohlstands scheinen wir nicht auflösen zu können. Es sieht so aus, als würden wir erst dann fürs gute Leben Zeit haben, wenn wir diese nicht mehr zu Geld machen und jene Zeiten zu schätzen lernen, die sich deshalb auszahlen, weil sie sich nicht rechnen.

Auf den Schnellstraßen des Profits

Die gehetzte Unvernunft des zur Beschleunigung verdammten Finanzkapitalismus hat Chronos endgültig zu einem Angestellten Mammons gemacht. Er frisst, wie es der griechische Mythos erzählt, nicht nur seine eigenen Kinder, sondern auch seinen sympathischen Götterkollegen Kairos, den Gott des rechten Augenblicks, gleich mit.

Das Leben, Eichendorff bereits hat das bedauernd festgestellt, ist zu einer „immerwährenden Geschäftsreise von Buttermarkt zu Käsemarkt" geworden.

Die Zeitlogik der ökonomischen Rationalität, speziell die der Finanzwirtschaft, setzt in ihrem ungebremsten Streben, aus der Zeit mehr herauszuholen, als in ihr drin ist, alle abgebremsten Zeitqualitäten des Daseins unter Zeitdruck. Die Finanzspekulation verlagert die Zukunft in die Gegenwart, um sie im Hier und Jetzt auszubeuten.

Personen, Institutionen, Abteilungen, Gemeinschaften, besonders aber Familien, die diesem Druck nicht gewachsen sind, geraten unter Rechtfertigungszwänge, werden von Ausgrenzung bedroht oder müssen damit rechnen, sofern es sich um Organisationen handelt, einer der vielen Rationalisierungsmaßnahmen zum Opfer zu fallen. Dort aber, wo die langsamen Zeiten von Dringlichkeitsdynamikern ausgegrenzt und abgedrängt werden, melden sie sich zurück. Wir kennen das nur allzu gut aus dem Straßenverkehr, bei dem die Beteiligten einen nicht unerheblichen Teil ihrer Zeit inzwischen im Stau verbringen. Seitdem die betonierte Freiheit der Autobahn häufig in rasendem Stillstand endet, ist es auf der Bühne der automobilen Mobilität zu einer Umbesetzung gekommen. Das Motto heißt jetzt nicht mehr „schöner fahren" sondern „schöner stehen". Problematisch jedoch ist nicht das hohe Tempo des Alltagslebens, zum Problem wurde dessen maßloses Wachstum. Ein Sachverhalt, der bereits Karl Kraus zu der bissigen Frage veranlasst hat: „Was nützt Geschwindigkeit, wenn der Verstand unterwegs ausläuft?"

Die Geschichte zeigt, dass Macht, und wer will diese der Finanzwirtschaft absprechen, nur dann nicht zur Zerstörung führt, wenn sie einen Teil ihrer Stärke in die Kontrolle und die Zurückhaltung ihres Einflusses investiert.

Das scheint man – ich betone: „scheint" – inzwischen verstanden zu haben. Im fehlenden Risikomanagement nämlich sehen die Finanzexperten, so zumindest ihre Aussagen, die Ursache des Desasters. Sie gestehen damit ein, dass sie bei ihren geschäftlichen Touren bisher weder Bremswege noch Auslaufzonen kannten. Was nämlich ist Risikomanagement anderes, als ein zeitlicher Bremsweg? Den aber hatte man, des schnellen Geldes wegen, voreilig abgeschafft. „Sorry", sagen uns die Herren des Geldes, „wir sind auf den Schnellstraßen des Profits ohne funktionierende Bremsen um die Wette gerast und wurden dabei leider mit Hochgeschwindigkeit aus der Kurve getragen." Man muss sich das vorstellen: Ihre Limousinen fahren die Bankmanager regelmäßig zur Bremskontrolle, doch was ihre Geschäfte betrifft, da halten sie das für überflüssig.

Traditionelle Gesellschaften haben Zwischenräume und Zwischenzeiten geachtet, sie haben sie der Natur abgeschaut, haben sie sozial arrangiert und institutionalisiert. Die Zeiten des Dazwischen galten ihnen als wichtige Institutionen der gesellschaftlichen, der sozialen und der individuellen Integration, die bekanntlich für die notwendige Stabilität sorgten und diese absicherten. Eine ihrer wichtigsten Funktionen war die von Abstandhaltern, wie wir das auch aus der Musik kennen. Dort spricht man von „Intervallen" und bezeichnet damit jene hörbaren Leerstellen, die den Tönen erst ihren Klang verleihen. Architekten und Immobilienhändler nennen ihr Dazwischen „Passagen", Bauingenieure und Heimwerker sprechen von „Dehnungsfugen", während Handsatzdrucker in seltsamer Gemeinsamkeit mit Chirurgen vom „Spatium" reden. All diese Zwischenräume und Zwischenzeiten sorgen nicht nur für Abstände, sie schaffen darüber hinaus auch Anschlüsse an das, was sie auf Abstand bringen. Ohne Intervalle wäre die Musik nur Lärm, ohne Dehnungsfuge kein Haus und keine Brücke stabil, ohne Spatium könnte man die Schrift nicht lesen und ohne Mozarts Vielfalt an Tempi in seiner Musik wäre die Welt erheblich eintöniger.

Es sind die Zwischenzeiten, die sowohl die Subjekte als auch die Gemeinschaften von einem zum anderen, von dem was war, zu dem, was kommt, vom hier zum dort, geleiten und begleiten. Sie machen die Menschen fähig, zwischen Vergangenem und Zukünftigem, Diesseits und Jenseits, Altem und Neuem zu unterscheiden. Zwischenzeiten gliedern die Zeit, organisieren Zeiterfahrungen, schaffen Differenzen und rhythmisieren den Lebensvollzug. Selbst dort, wo das Dazwischen keinen Nutzen hat, ist es nicht sinnlos. Pessoa verteidigt diese Nutzlosigkeit: „Das Nutzlose und das Belanglose eröffnen in unserem wirklichen Leben Zwischenräume einer demütigen Statik ... Beklagenswert derjenige, der die Wichtigkeit solcher Dinge nicht kennt."

Doch die das gegenwärtige Leben dominierenden medialen und kommunikativen Verkehrsformen ignorieren die zeitlichen und räumlichen Intervalle. So verschwimmen Unterschiede und in der Folge schrumpft auch das Unterscheidungsvermögen. Das zeigt sich bei der Fotografie, ebenso beim Film und immer umfassender auch bei der schriftlichen Kommunikation. Primär ist es die Technik, die in der Eliminierung von Zwischenzeiten einen erstrebenswerten Fortschritt sieht.

Soziologen sprechen in diesem Zusammenhang – etwas verharmlosend – von „Entgrenzung". Verharmlosend ist dieser Begriff deshalb, weil es bei solcher Dynamik nicht nur um Grenzverwischungen geht, sondern auch um das Glattbügeln all jener räumlichen und zeitlichen Falten, die dem Alltag den Rhythmus und die Stabilität verleihen. Mit der zu zeitlicher Obdachlosigkeit führenden Planierung und der Vernichtung zwischenzeitlicher Unebenheiten steht der kulturelle Haushalt der Gesellschaft zur Disposition. Und doch findet das Realexperiment zu einer tendenziell übergangslosen Nonstop-Gesellschaft statt, ohne auch nur in Ansätzen abschätzen zu können, wie die Individuen reagieren, wenn man sie zu einem Leben ohne Passagen, ohne Übergänge und ohne Zwischenzeiten zwingt. Was geschieht dann eigentlich mit den sozialen Systemen, mit den Familien, Vereinen und deren gesellschaftlichem und politischem Engagement? Ist eine übergangslose Gesellschaft zur Selbststabilisierung überhaupt noch in der Lage? Kann sie für die notwendigen Integrationsleistungen sorgen? Fragen, auf die wir keine Antwort haben und die, das ist das Fahrlässige, nicht einmal gestellt werden. So gleicht das, was derzeit mit den Übergängen und Zwischenzeiten geschieht, einem äußerst risikoreichen Großexperiment am eigenen Leib und am eigenen Leben. Ausgang ungewiss!

Arm an Rhythmus

„Unser Land", so Fellinis Klage in den Entwürfen zu seinem Film *Orchesterprobe*, „ist arm an Rhythmus." Überreich hingegen ist es an Takt, an getakteter Zeitorganisation und an verdichtenden, entrhythmisierenden Zeitvorgaben. Die verdichteten Taktfolgen der das Alltagshandeln heute begleitenden Multifunktionsgeräte lassen kein Verweilen, kein Beginnen und auch kein Abschließen mehr zu. Ein Knopfdruck provoziert den nächsten, dem Befehl folgt die prompte Reaktion. Was am Bildschirm getan wird und zu sehen ist, wird so gleichgültig wie die Landschaft hinter dem Fenster eines dahinrasenden Hochgeschwindigkeitszuges. Das unfassbare Leistungstempo der elektronischen Zaubergeräte koppelt die Subjekte vom Puls ihrer eigenen inneren Natur und den Rhythmen der äußeren Natur ab. Nirgendwo mehr eine Lücke, keine Zeit für Nachdenklichkeit, für Zweifel und skeptische Fragen nach dem „Warum" und dem „Wohin" und auch keine mehr, Verantwortung zu übernehmen. Pausenloses Immerweitermachen braucht seine Existenz nicht weiter zu rechtfertigen. Es legitimiert sich durch den Sachverhalt, irgendwann einmal in Betrieb gesetzt worden zu sein und seitdem zu funktionieren.

Besinnungsloser Aktivismus lässt vergessen, dass die „Befreiung aus der Ordnung der Maßverhältnisse nicht von dem Gesetz entbindet, dass Leben nur in Maßen möglich ist", mahnt Georg Picht in seinem lesenswerten Essay *Zum Begriff des Maßes*. Eindringlich warnt er, die Maße des Menschlichen, die Vorgaben der menschlichen Natur und die Rhythmizität des Lebendigen, dauerhaft zu verletzen. Er gibt zu bedenken: „Die Erhaltung der Menschen" – aber auch die der Kultur (Kh. G.) – „hängt dann davon ab, ob sie fähig sind, die ihnen unverfügbaren Maßverhältnisse der Natur zu erkennen und sich in sie zu schicken." In erster Linie richtet sich Pichts Warnung an diejenigen, die von der „Zeit ist Geld"-Dynamik und dem faustischen Imperativ „Fluch aller Geduld" getrieben, die profitable Verwertung aller Zwischenzeiten, Zeitlücken, Intervalle und Passagen zu ihrem Programm erklärt haben. Goethe nannte dieses Tun in einer mythologisch ergiebigen Wortschöpfung aus der verbalen Lebensgemeinschaft von „velocitas" (Eile, Hetze) und „Luzifer", dem teuflischen Lichtbringer, „veloziferisch". In modernisierungskritischer Absicht sprach er vom „veloziferischen Maschinenwesen", das er für ein Unglück der Zeit hielt, die „nichts reif werden lässt, wo man schon im nächsten Augenblick den vorhergehenden verspeist". Seine Kritik zielte dabei nicht in erster Linie auf das zu seinen Lebzeiten noch relativ neue Phänomen der technisch-organisatorischen Beschleunigung, sie richtet sich vielmehr auf die bereits abzusehende Maßlosigkeit einer Beschleunigung, die zum Selbstzweck wurde. Schon früh hat der Alte aus Weimar erkannt, dass es primär die Beschleunigung der Beschleunigung ist, die das Entwicklungspotenzial einer zivilisierenden und kulturalisierenden Lebenswelt zerstört, ganz besonders dann, wenn sie nicht mehr fragt, wohin die rasende Fahrt eigentlich gehen soll.

Um das zu verhindern, bedarf es neben der Poesie – auf die hatte bekanntlich Goethe seine Hoffnungen gesetzt – auch der Gestaltungsmacht der Politik. Die aber kann sie nur ausüben, wenn sie sich als Zeitpolitik versteht und sich als solche profiliert. Bisher jedoch geht sie zeitpolitisch eher naiv mit der Krise um. Das hat Gründe. Der finanzwirtschaftliche Geschäftsverkehr vollzieht sich mit mehrfacher Schallgeschwindigkeit, der demokratische Willensbildungsprozess hingegen in einem Tempo, das an die Postkutschenzeit erinnert. Jede politische Entscheidung, die auf politische Einflussnahme, auf Steuerung und Kontrolle des Finanzverkehrs zielt, kommt daher notwendigerweise zu spät. Zwischen Einbringung und Verabschiedung eines Gesetzesentwurfs im Deutschen Bundestag liegen im Durchschnitt 225 Tage, und das aus guten demokratischen Gründen. Faktisch bedeuten diese unterschiedlichen Systemzeiten den unfreiwilligen Verzicht auf jegliche demokratische Steuerung des Finanzsektors. Andererseits wäre ein staatlich kontrollierter Finanzverkehr einer, der diesen auf das Transferniveau einer Zeit zurückwerfen würde, in dem das Kino noch nicht erfunden war, die Lokomotiven noch dampften und die Straßen noch nicht asphaltiert waren. So steht man wieder mal, wie das ja oftmals der Fall ist, vor der Wahl zwischen Skylla und Charybdis bzw. etwas weniger sagenhaft zwischen Regen und Traufe. Nichtstun aber kann nicht die Lösung sein.

Zeitpolitik

Die Folgen staatlicher Abstinenz sind uns deutlich vor Augen geführt worden. Und die Folgen einer vom Staat durchgehend kontrollierten Finanzwirtschaft, den haben die Menschen in dem auch deshalb untergegangenen Teil Deutschlands vor zwei Jahrzehnten zu spüren bekommen. Zwei gescheiterte politische

Zeitexperimente innerhalb von 20 Jahren, eigentlich sollte man daraus etwas lernen können. Zumindest, dass sie jetzt endlich von Politik und Wirtschaft als Zeitexperimente erkannt und begriffen werden. Das wäre, immer unterstellt, man hat an einer Neuauflage dieser Experimente kein Interesse, dringend angesagt.

Zeitpolitisch gesehen, geht es zuallererst um den Erhalt und um die Gestaltung eines zeitlichen Ordnungsrahmens, der die Zivilisierung und die Kulturalisierung der Gesellschaft und deren Mitglieder nicht nur sichert, sondern auch aktiv betreibt. Das verlangt den Erhalt und die Einrichtung von Räumen und Zeiten, die den Beschleunigungs-, Verdichtungs- und Verwertungsimperativen der Ökonomie entzogen sind. Notwendig sind Schutzzonen, die dem rhythmisierten Leben Entfaltungschancen geben. Nur schützende Chronotope bewahren uns vor dem Schicksal des Sisyphos, endlos weitermachen und immer schneller werden zu müssen. Sie verleihen den Menschen Halt, der es ihnen, aber auch Gemeinschaften erleichtert, die steinigen und gefährlichen Wege von „Einem“ zum „Anderen“, vom „Nichtmehr zum Noch-nicht“ (Ernst Bloch) relativ gefahrenfrei bewältigen zu können.

Das aber setzte voraus, dass sich die Politik weder ihre Ziele noch ihre Verfahren und Entscheidungshorizonte von der systemischen Kurzatmigkeit der Ökonomie aufzwingen lässt. Der Konkurrenzkapitalismus lebt von der schnellen Reaktion, dessen Zivilisierung hingegen braucht den langen Atem. Einer Zivilisierung bedarf der Kapitalismus allein schon deshalb, weil seine Zeit-ist-Geld-Logik, die alle Zeit instrumentalisiert und zum Maß des Profits macht, jene Personen bestraft, die sich Zeit lassen, die fürsorglich mit ihren Mitmenschen, mit der Natur, dem Klima und sich selbst umgehen, die Liebe und Freundschaft dem schnellen Geld und der Sinnlosigkeit des Zeitsparens vorziehen.

Daher zählt es heute zu den wichtigsten Aufgaben der Politik, die Lebenszeit der Menschen wieder zu entökonomisieren und sie von den Zugriffen der Zeit-ist-Geld-Imperative stärker zu schützen. Demokratische Verhältnisse können nur dort entstehen und gedeihen, wo die Zeitbedingungen sorgfältige Urteils- und Entscheidungsfindungen, das Abwägen von „Für und Wider“, einen nicht-strategischen offenen Meinungsaustausch und den Dialog zulassen. Bildung, Liebe, Freundschaft, Genuss, Kunst und Kultur gedeihen nicht auf den schnellen Wegen des Kapitaltransfers, sie entfalten sich nur auf den holprigen Umwegen des Experimentierens, des Suchens und Ausprobierens. Es mangelt dieser Gesellschaft nicht an Schnellstraßen, es fehlt ihr auch nicht an Trubel, Ablenkung oder Geld. Es fehlt ihr an Geduld, Besinnung, Beschaulichkeit und an Orten und Zeiten der Ruhe, des Nachdenkens und der Kontemplation. Der gehetzte, der getriebene Mensch ist prinzipiell unfähig, einen freien Willen zu entwickeln, er kann keine echten Beziehungen eingehen und nichts Dauerhaftes zustande bringen.

Auch dies eine Lehre, die uns von der Finanzkrise aufgedrängt wird. Gestützt wird sie von der Harvard-Professorin Teresa Amabile, die den Mythos vom Zeitdruck als großem Anreger für die Leistungsbereitschaft der Menschen vom Sockel stürzt. Mitarbeiter, so Amabile, sind in einem Wettlauf gegen die Zeit am wenigsten kreativ, da ihnen die Gelegenheit fehlt, sich mit dem auseinanderzusetzen und zu identifizieren, was sie tun. Sie entscheiden sich in solchen Fällen entweder, an dem weiter zu machen, was sie gerade tun, oder das zu tun, was sie schon einmal getan haben, oder zu tun, was andere tun. Allesamt sind das keine kreativen Entscheidungen.

Ein Resümee im Zeitraffer: Nur im Halbschatten temporaler Zwischenwelten reift die Erkenntnis, dass das, was ist, nicht alles gut, vernünftig und sinnvoll ist. Nur im Dazwischen entwickelt sich ein Bewusstsein von dem, was fehlt, was zu viel und was zu wenig ist. Denn, so Pessoa: „Ich bin der Zwischenraum zwischen dem, was ich bin, und dem, was ich nicht bin, zwischen dem, was ich träume, und dem, was das Leben aus mir gemacht hat [...] Ich bin die Brücke des Übergangs zwischen dem, was ich nicht habe, und dem, was ich nicht will." Der von jeglicher Frömmigkeit weit entfernte argentinische Schriftsteller Jorge Luis Borges sagte es auf seine Art: „Gott hält sich in den Intervallen versteckt."

La sancta Missa Vaticanae

In einem leider niemals verwirklichten Kurzfilmprojekt mit dem in Küchenlatein formulierten Titel *La sancta Missa Vaticanae* wollte der große Ironiker des Kinos, der Spanier Luis Bunuel, dem Publikum vor Augen führen, was die Menschen erwartet, wenn die sich ausbreitenden Gesetzmäßigkeiten des pausenlosen Wettbewerbs die Zeiten des Kultes und der Kultur erobern werden. Die Kirche, so Bunuel wörtlich, „stets aufgeschlossen für die Errungenschaften der Zivilisation und des Sports“ hat sich dazu entschlossen, ihre wichtigste Kulthandlung, die liturgische Feier der Eucharistie, den beschleunigten Zeitqualitäten der Moderne anzupassen.

Laut Drehbuch war schließlich folgender Handlungsablauf vorgesehen: Der Platz zwischen den Obelisken des Petersplatzes ist mit einer größeren Anzahl festlich geschmückter Altäre gefüllt. An jedem dieser Altäre zelebriert ein Priester gemeinsam mit seinen Ministranten die heilige Messe. Nach einem allseits vernehmbaren Startsignal treten die Geistlichen zusammen mit ihrem Hilfspersonal in einen Wettstreit ein, um jenen Priester ausfindig zu machen, der die sakralen Handlungen mit der höchsten Geschwindigkeit „abzufeiern“ in der Lage ist. In unglaublichem Tempo, mehr und mehr nach Luft ringend, leiern die an dem sportlichen Ereignis beteiligten Geistlichen ihre religiösen Texte herunter und ermuntern die Gläubigen dabei, ihrem Tempo zu folgen. Die hilfreichen Messknaben geraten dabei zunehmend in Bedrängnis, die sie schließlich an den Rand der Erschöpfung führt. Einige von ihnen fallen erschöpft um und scheiden daher aus dem Wettbewerb aus. Sieger wird schließlich ein spanischer Geistlicher aus Huesca, dem es von den am Wettstreit Beteiligten am besten gelingt, alle in der liturgischen Feier vorgesehenen Pausen, Intervalle und Übergänge zu eliminieren. Er brachte es fertig, das Messritual in der Rekordzeit von eindreiviertel Minuten abzuspulen. Als Belohnung erhält er eine Monstranz und einen Geschenkkorb.

Bunuels Botschaft ist eindeutig: Opfer dieses Hochgeschwindigkeitskultes sind die Pausen, sind die Übergänge und die Intervalle. Deren Eliminierung raubt der liturgischen Feier jegliche heilige, festliche Anmutung. Der Sieg des spanischen Priesters ist ein sinnloser Sieg, ist ein Sieg der pausenlosen Sinnlosigkeit und der sinnlosen Pausenlosigkeit.

Doch auch wenn Bunuel in der Lage gewesen wäre, sein konfrontativ-aufklärendes Kunstprojekt zu verwirklichen, es wäre ihm nicht gelungen, eine weitere Verschärfung des Lebenstempos aufzuhalten oder auch nur abzubremsen. Ein fixer Blick ins Internet genügt, um festzustellen, dass die Angebote, des kirchlichen Segens per Mausklick teilhaftig werden zu können, inzwischen unübersehbar geworden sind. Exklusiv ist dabei die Dienstleistung der israelischen Post, per Mail übersandte Bitten an Gott von ihren Angestellten zwischen die Steine der Klagemauer deponieren zu lassen.

Vorsicht Zeitfenster!

Sprechen wir über „Zeit", sprechen wir in Bildern – es geht nicht anders, da das, was Zeit ist, immer nur ein Bild von der Zeit ist. Von der Zeit, und das gilt für alles, was der Mensch mit seinen fünf Sinnen nicht zu erfassen vermag, lässt sich nur in Metaphern sprechen. Mit Sprachbildern lassen sich Dinge und Phänomene, insbesondere abstrakte Phänomene lebendiger, anschaulicher und verständlicher beschreiben. Es eröffnet sich so ein leichterer Zugang zu ihnen. Man versteht sie besser. Das aber gelingt nicht immer. Nicht in jedem Fall sorgen Sprachbilder dafür, dass man mehr von dem so bebilderten Phänomen versteht, sie tragen zuweilen auch zu Irritationen und Verwirrungen bei. Häufiger als wahrgenommen dienen Wortbilder auch dazu, Sachverhalte zu verschleiern, zu verbergen oder „schönzureden". Alles das trifft ebenso auf Zeitmetaphern zu. Auch deshalb ist die Zeit höchst illusionsanfällig. Sie eignet sich für allerlei Propaganda, für Glückspropaganda genauso wie für ihr Gegenteil.

Der Kategorie verwirrender und verschleiernder Wortbilder zuzurechnen ist auch die etwas schiefe Metapher von den geöffneten und den geschlossenen „Zeitfenstern". Das „Zeitfenster" zählt zu jenen Sprachbildern, die zu einer simplizistischen Sicht auf das Phänomen „Zeit" verleiten und dabei Zusammenhänge konstruieren, die nur für die Metapher, aber nicht in der Wirklichkeit funktionieren. Besonders beliebt sind „Zeitfenster" bei jenen „geschätzten Gleichzeitigen", so nannte Goethe die „Zeitgenossen", deren Weltanschauung identisch mit ihrer Geldanschauung ist. Sie sprechen nicht mehr, wie sie es von ihren Eltern noch zu hören bekamen, von der Chance einer günstigen Gelegenheit, sie schwadronieren von einem „nur für kurze Zeit offen stehenden Zeitfenster". Es ist kaum 20, 30 Jahre her, da hörte man weder Politiker und Politikerinnen noch Manager, weder Leitartikler noch Sportler und Sportlerinnen von einem „sich soeben auftuenden Zeitfenster" daherreden. Aus dem einstigen „Lidschlag des Augenblicks" ist heute ein prosaisches „Zeitfenster" geworden. Ein Fortschritt? Eher das Gegenteil!

Das Zeitfenster hat in kürzester Zeit als Imponiervokabel eine große Karriere gemacht. Es ist inzwischen so populär wie die Dorfschullehrermahnung, ja nicht die Hausaufgaben zu vergessen. Zu diesen Hausaufgaben gehört es denn auch, ein „Zeitfenster" nach dem anderen zu öffnen und es wieder zu schließen. Großes Vorbild dafür ist die derzeitige Hausherrin des Berliner Kanzleramts. Sie ermahnt ihre Untertanen, und sich gleich mit, „das Zeitfenster auf keinen Fall verstreichen zu lassen". Stopp mal! Können Zeitfenster wirklich „verstreichen"? Und wie machen sie das?

„Zeitfenster" hier, „Zeitfenster" da. Man kann es nicht mehr hören! Noch so ein Begriff, dem man die Anmaßung ansieht, klüger klingen zu wollen, als es der zu benennende Sachverhalt hergibt. „Zeitfenster", das hört sich nach einem perfekt durchterminierten Tagesablauf eines Vielgefragten an, nach Überbeschäftigung, hohem Zeitdruck und überregionaler Bedeutung. Doch so ist es nicht. Vielmehr ist es die Lieblingsvokabel der Wichtigtuer und verschwitzt dreinschauenden Dringlichkeitsdynamiker, zu deren selbst gewähltem Schicksal es gehört, hinter ihrem Leben herhetzen zu müssen, da sie bei der Flucht vor sich selbst stets an der offen Türe des Zeitparadieses vorbeilaufen. In umfangreichen Zeitsystemen perfekt verwaltet bringen sie ihre Zeitfenster täglich auf dem Stepper des Fitnessstudios auf den neuesten Stand, bemerken dabei aber nicht, dass sie auf diese Weise keinen Deut vorankommen, selbst dann nicht, wenn sie, wie das neuerdings von diversen Lieferanten gerne getan wird, das „Zeit-" zu einem „Lieferfenster" machen.

Die Erfolgsspur betreten hat die nach Prestige heischende Zeitgeistvokabel „Zeitfenster“ im Begleittross der Eroberungsfeldzüge der New Economy. Sie hat die bewährte, ehrwürdige „Frist“ abgelöst und diese durchs Zeitfenster entsorgt. Seit diesem Fenstersturz bereichert das „Zeitfenster“ die aggressive Terminologie der Ökonomie, speziell der Finanzwirtschaft, und die ihr mit heraushängender Zunge hinterherhechelnde Politik. Da sich Wirtschaft und Politik mit Vorliebe im globalisierten Outfit zeigen, kennen wir das Zeitfenster auch als „time window“.

60 Minuten täglich, das hat ein Professor Wieland, seines Zeichens Wirtschaftspsychologe an der Universität Wuppertal, kürzlich herausgefunden, schauen die deutschen Arbeitenden aus dem Fenster. Sie blicken dabei aus jener Öffnung in der Hauswand, die zwischen dem Subjekt und der Welt vermittelt. In einer durchrationalisierten Zeit-ist-Geld-Sofortbildgesellschaft, als die sich die unsere präsentiert, geht das selbstverständlich nicht! Das muss sich ändern – und zwar möglichst schnell! In naher Zukunft wird der Blick aus dem Fenster nur mehr erlaubt, wenn es sich dabei um ein Zeitfenster handelt: „Beeilen Sie sich, in zwei Minuten schließt Ihr Zeitfenster!“ Und kaum hat's der Chef ausgesprochen, geht das Zeitrollo auch schon runter und wird auf die nächstliegende Zeitschiene geschoben, wo sich Aufgabenberg neben Aufgabenberg türmt. Da kann es dann nicht ausbleiben, dass man verzweifelt über die sich widersprechenden zeitlichen Anforderungen gegen das eine oder andere geschlossene Zeitfenster torkelt, um in dem Moment in Jubel auszubrechen, in dem es sich wider Erwarten mal für einen Augenblick öffnet.

Doch Vorsicht! Unfallgefahr! Fenster, und man kann annehmen, dass das auch für Zeitfenster gilt, haben neben ihrer öffnenden eine ausschließende, eine trennende Funktion. Das bekommen diejenigen zu spüren, zuweilen auch schmerzhaft, die sich – nicht immer und überall empfiehlt sich Vorbeugen –

wieder einmal zu weit aus dem Fenster hinauslehnen. Aus dem siebten Stockwerk im freien Fall – da bleibt kaum mehr Zeit, der Zeit und ihrem Fenster „Adieu" zu sagen.

Das kann man vermeiden. Nehmt Abstand, bleibt weg von offenen Zeitfenstern! Macht sie zu – für immer und ewig! Haltet inne! Macht stattdessen Pausen, richtige Pausen. Ohne alle Pausenfüller, keine Telefongespräche, keine Mails, keine SMS und kein schneller Touch auf dem Smartphonescreen, um die aktuellen Kursbewegungen der Teheraner Pistazienbörse in Erfahrung zu bringen. Man braucht keine Zeitfenster, keine offenen und schon gar keine geschlossenen. Man braucht Zeit und man braucht Fenster, aber Zeitfenster braucht man nicht. Schaut raus aus den Fenstern, und wenn's Euch zu unbequem wird, legt ein Kissen unter. Allein die zeitlosen Fenster sorgen für Weitblick und für frische Luft. Zeitfenster tun das nicht. Sie sind eine Mogelpackung, die nichts als den Mief der Wichtigtuerei verbreiten. Lebt den Lidschlag der Augenblicke! Genießt den Wohlgeschmack der Momente! Zeiten sind Gelegenheiten und Gelegenheiten Geschenke der Zeit. Das Leben hat nun mal kein Ziel und auch keinen Zweck. Das Leben besteht aus Augenblicken, Momenten, Gelegenheiten und hin und wieder aus Stündchen. Stunden und Zeitfenster hingegen braucht man zum Leben eigentlich nicht.

Wer „Zeitfenster" sagt, das verraten uns die ungleichen Schwestern Erfahrung und Statistik, sagt auch „zeitnah" statt „sogleich", „demnächst", „ bald" oder „in Kürze". Verehrer von Zeitfenstern halten sich bevorzugt in „Zeitkorridoren" auf und verbringen ihr Dasein dort auf „Zeitschienen". „Zeitgenossen" hingegen lassen sie sich nur sehr ungern nennen. Der „Genosse" nämlich hat seit dem Mauerfall erst mal Bewährungsfrist, und so lange die nicht abgelaufen ist, muss auch der „Zeitgenosse" zeitweilig aussetzen. Kurzum, für den „Zeitgenossen" ist derzeit kein Zeitfenster offen.

Begriffe kommen, Begriffe gehen, mal aus dieser, mal aus jener Richtung, niemals jedoch kommen sie durch ein Zeitfenster.

So liebe Mitglieder der Vereinigung zeitsinniger und zeitgelehrter Zeitliebhaber, nächstes mal mehr über Zeitfenster – am Beispiel des vom Aussterben bedrohten oberbayerischen Brauchs einer speziellen süddeutschen Form des interaktiven Liebesbeweises, dem ehemals verbreiteten, aber nicht ungefährlichen „Zeitfensterln“.

Zeitnah

„Vorsicht, Zurücktreten bitte!“ Es kommt der Zeitgeist um die Ecke – und schon ist er nah, ganz nah, „zeitnah“. Er berichtet zeitnah, informiert zeitnah, schaut zeitnah vorbei und verabredet sich zeitnah zu einem Espresso doppio in der Tagesbar an der Ecke. Der Zeitgeist ist zeitnah, er kommt nicht mehr sogleich, demnächst oder alsbald und schon gar nicht subito. Nein, er ist zeitnah, weil doch alles und jedes zeitnah geschehen muss. Also, Ihr lieben Leute, haltet Euch schon mal bereit!

Doch stopp. Zeitnah, wirklich zeitnah? Was ist das eigentlich „zeitnah“, was heißt und was bedeutet das? Was ist da „zeitnah“ zu tun, was „zeitnah“ zu lassen? Die unübertreffliche Schönheit des Begriffs kann's nicht sein, die den inflationären Gebrauch, besser: Missbrauch erklären könnte. Dem „Zeitnahen“ fehlt nun mal jeder auch nur angedeuteter Anflug einer poetischen Anmutung. Zu irgendetwas aber muss er doch, mal abgesehen von seiner wichtigtuerischen Attitüde, gut sein. Er ist's. Er umgeht, ersetzt die hässliche Vokabel vom „Zeitdruck“ und schönt, wie es die Margarinereklame ja auch tut, die nicht ganz so strahlenden Verhältnisse. „Zeitnah“, das ist eine Einladung, „Zeitdruck“ eine Drohung. Vielleicht war es ja jener Kleinstadtbürgermeister, der den Zeitdruck durch die Zeitnähe ersetzt hat, der zuvor schon zwecks Wertsteigerung die Adresse eines kommunalen Baugrundstückes von „An der Kläranlage“ in „Reiherweg“ geändert hatte.

Das „Zeitnahe“ ist eine „am sausenden Webstuhl der Zeit“ erfundene wichtigtuerische Floskel des modischen Businessdeutschen. In der Sprachwelt der Wichtigtuer steht „zeitnah“ fürs eilige, hetzende Ungefähre und gedeiht besonders prächtig auf dem Humus der verbreitetsten aller Ängste, der Angst, etwas zu verpassen. Ihr zur Sucht gewordenes Streben, das zeitliche Dasein bis in die kleinsten Verästelungen zu verwirtschaften, treibt dem Businessman die Schweißperlen auf die Stirn. Kurzum, man erkennt die Zeitnah-Sager zum einen daran, dass sie stets etwas verschwitzt daherkommen, andererseits an ihrer Neigung, immer dann, wenn der Normalbürger von „gleichzeitig" spricht, „zeitgleich" zu sagen. Es sind die „Zeitnahen", die aus Schülern, aus Studenten, Patienten, alten Menschen und Kleinkindern „Kunden" machen, aus Ärzten, Pflegekräften, Lehrerinnen und Professorinnen „Leistungserbringer" bzw. „Dienstleister". Wo's nur noch geschäftliche Beziehungen gibt, wo die Furcht, nicht mehr auf dem Laufenden zu sein, zum Amoklauf mit Navigationsgerät und Sorgentelefon wird, geschieht alles zeitnah. Der hochprozentige Zeitgeist des Sofortismus macht sie alle betrunken. Auch den Dringlichkeitsdynamiker, der mit seinem Porsche Carrera im Stau steht und seinen Business-Coach anruft, um diesem mitzuteilen, dass er heute zwar nicht pünktlich, aber ganz sicher zeitnah zum vereinbarten gemeinsamen Zeitfenster kommen kann. Das wär dann vielleicht mal eine günstige Gelegenheit, sich über den Zeitgeist des Zeitnahgeredes ein paar Gedanken zu machen. Nur zu! Ansonsten bleibt nur die Flucht, die aber möglichst „zeitnah".

Eat and Run: Friss und hau ab

Da sag einer, McDonald's sei nicht konsequent. Jamie Thomson, in London zu Hause, hat zu spüren bekommen, dass die Konsequenz des Burgerbraters nicht billig ist. Fast Food heißt nicht nur „fast", es ist auch „fast" und wer bei der Schnellabfütterung bummelt, hat's nicht kapiert und gehört deshalb bestraft.

Wie der um den Informationsstand seiner Leser besorgte *Guardian* berichtet, ist Jamie Thomson beim Slow Food – etwas Schlimmeres konnte kaum passieren – auf einem Fast-Food-Parkplatz erwischt worden. Ein kostspieliges Vergnügen. Sein Vergehen: Er hatte sich in McDonald's Drive-in mit dem dort üblichen ungesunden Essen und noch ungesünderen Getränken eingedeckt, um mit beidem anschließend auf dem firmeneigenen Parkplatz Hunger und Durst zu stillen. Straffällig ist er in jenem Augenblick geworden, als er bei seiner zu langsamen Schnellabfütterung die vorgeschriebene Zeitgrenze von 45 Minuten überschritt. Die Folge: ein Strafzettel über 175 Pfund. Das leuchtet ein. Für ein Fast-Food-Restaurant ist es nun mal ein geschäftsschädigendes Vergehen, wenn man sich zum Verzehr eines Hamburgers mit ein paar Fritten und einer braunen Limonade aus dem Pappbecher mehr als eine Dreiviertelstunde Zeit nimmt.

Wie der *Guardian* darüber hinaus seinen Lesern mitteilt, gilt diese Zeitgrenze auch noch bei weiteren 40 britischen Schnellabfütterungsstätten. Also, liebe Engländer, macht gefälligst schnell, fackelt nicht lange und schlingt die Burger, sie haben nun mal nichts anderes verdient, in Windeseile herunter. Ihr schont dabei auch Eure Zähne oder, ein Tipp für Ältere, könnt diese, bequemer geht's kaum, gleich zu Hause lassen. Das lohnt sich noch aus einem anderen Grund. Wer nämlich die Ruck-zuck-Frikadellen langsam und mit Bedacht zu sich nimmt, könnte ja auf ihren Geschmack kommen – das aber wäre dann wirklich für die Hackfleischbrater geschäftsschädigend – und der Drive-in-Parkplatz bei McDonald's bliebe leer. Die Devise heißt „Eat and Run". Und darauf einen „Coffee to go". Leute, gebt Gas, der Zeitgeist tut's auch.

PS: Die Aktion „Lebendiges Deutsch", Hausmeisterin im Haus der Deutschen Sprache, die sich um die Eindeutschung ausländischer Sprachimporte verdient macht, hat, nicht ohne einen Anflug von Humor, für den Begriff „Fast Food" den der „Eilmampfe" vorgeschlagen. Nicht schlecht – aber für den Briten Thomson eben ein Fremdwort.

Die Zeit kann eigentlich nicht wegrennen, denn die Zeit kann nicht sagen, ich hab keine Zeit mehr.

(Tim, 11 Jahre)

Enthetzt Euch!

Mit der nicht immer lieben Zeit haben wir so unsere liebe Not. Niemals haben wir genug davon und nie sind wir auf der Höhe ihres Geschehens. Zwar laufen wir immer schneller, sind aber immer weniger auf dem Laufenden. In einer solchen Situation liegt der Gedanke nahe, es doch mal mit „Entschleunigung“ zu versuchen. Doch Vorsicht! Das ist eine Sackgasse. „Enthetzen“, nicht „Entschleunigen“ muss das Programm lauten.

Denn es ist albern

Es ist gerade mal 200 Jahre her, dass der große französische Staatsmann Talleyrand einen seiner Verhandlungspartner, der es etwas eilig hatte, mit dem mahnenden Hinweis ausbremste: „Hast und Unruhe kennen wir nicht [...] denn es ist albern.“ Hätte Talleyrand heute, wo es uns nicht schnell genug gehen kann, noch etwas zu sagen, dann käme er zu wenig anderem mehr, als sich permanent solche „Albernheiten“ zu verbitten und er müsste dabei auch noch recht laut werden, um eine reelle Chance zu bekommen, Gehör zu finden. Mit großer Resonanz könnte er nicht rechnen, schlimmer noch, man würde Talleyrand seinerseits für albern halten, denn nicht nur Politiker, fast alle Zeitgenossen und Zeitgenossinnen, insbesondere aber jene, die sich im Bereich der Ökonomie tummeln, feiern heutzutage die Schnelligkeit und bejubeln jede Form ihres weiteren Wachstums. Belohnt, und zwar mit Karriere, Geld- und Güterwohlstand werden die Fixen und die Schnellen, die Ungeduldigen und die Vorlauten, prämiert werden die „Überflieger“.

Nicht dort, wo es sinnvoll und langfristig nützlich erscheint, werden Beschleunigung und Zeitverdichtung forciert, sondern vor allem dort, wo es möglich ist oder möglich gemacht werden kann, dem Alltag noch mehr Tempo zu geben. Die dem Kapitalismus als Wasserzeichen eingeschriebenen Wachstums- und Beschleunigungsdynamiken und der Zwang, annähernd alle Probleme durch Expansion zu lösen, legitimieren den Kampf gegen alles Langsame, Geduldige und Genügsame. Kein Wunder, dass der Imperativ „mach schnell!“ inzwischen in den letzten Winkeln und Ritzen der Alltagswelt zu hören ist. Wo „Wachstumsbeschleunigungsgesetze“ – wie es in Pressemeldungen aus der Berliner Machtzentrale geschieht – zu Meilensteinen des Fortschritts erklärt und zugleich verklärt werden, müssen sich all die albern vorkommen, die sich Zeit nehmen, die mit sich und ihren Angehörigen Geduld haben und die es vorziehen, gründlicher statt schneller zu arbeiten und zu leben.

Ruhe und Geduld, Langsam- und Geruhsamkeit sind Zeitqualitäten, die die Mehrzahl der zu unterbrechungsloser Eile getriebenen und geschubsten Zeitgenossen und Zeitgenossinnen der Wohlstandsnationen nur mehr als ungestillte Sehnsucht kennen. Befriedigender scheint es zu sein, vom Zeit-Haben zu träumen, als wirklich Zeit zu haben. Man sucht die Süße der Langsamkeit nicht mehr im Alltag, man sucht sie, zur kümmerlichen Restsüße eingedampft, wenn überhaupt nur noch im Urlaub, wo man dann auf jene Zeitgenossen trifft, die die gleiche Pauschalreise zum gleichen „Geheimtipp“ gebucht haben. Das Alltagstempo bestimmen diejenigen, die von Stresstest zu Stresstest eilen und sich dem olympischen Geist des „Höher–weiter–schneller“ verschrieben haben. Vergleichbar einem scheuen Tier hat die Langsamkeit die Flucht ergriffen und sich ins Unterholz vernachlässigter Zeitregionen verkrochen. Nur noch selten, und auch dann nur mit viel Glück und jener Geduld, die man nicht hat, bekommt man sie zu Gesicht. Wagt sie sich schließlich einmal aus ihrem Versteck, wird sie sogleich gnadenlos verfolgt. Der Artenschutz hat die Langsamkeit schon seit längerer Zeit übersehen.

Vorbei die Zeiten, als Eltern ihren ungeduldigen Kindern die Mahnung auf ihren Lebensweg mitgaben, „die Eile mit der

Weile" zu kombinieren. Vergangen auch die Zeiten, zu denen die Schnelligkeit und die Hast noch den Ruf von Dienstbotentugenden hatten. Vorüber aber sind diese Zeiten nicht, weil die Zahl der Dienstboten abgenommen hat, sondern weil sich die Bevölkerung in toto inzwischen zu Rasern, Geschwindigkeitsübertretern und Hyperaktiven gewandelt hat. Die Eile, die Hast und das Gerenne haben sich heute demokratisiert – mehrheitlich sind wir zu Dienstboten einer täglich größer werdenden Armada von Kleingeräten geworden, die alles tun, um ihre Eigner und Nutzer durch den Alltag zu schubsen. Ihre Knöpfe, Tasten und Schalter warten nur darauf, immer und überall bedient zu werden. Geschieht das mal längere Zeit nicht, dann melden sie sich umgehend in ihren unterschiedlichen Tonlagen bei ihrem nachlässigen Dienstpersonal und verlangen von ihm, sich sogleich um sie zu kümmern.

Der Preis dafür liegt auf der Hand: Ungeduld, Unruhe, nervöse Erregung und Gereiztheit breiten sich überall dort aus, wo nicht schnell genug informiert, wo zu langsam gegessen und zu zögerlich verstanden und reagiert wird. Redet ein Gesprächspartner zu langsam, setzt man ihn unter Zeitdruck und vervollständigt die von ihm begonnenen Sätze gleich selbst. Langsamesser, Genießer müssen mit vorwurfsvollen Blicken rechnen und es über sich ergehen lassen, in immer kürzer werdenden Abständen von der Bedienung mit forderndem Unterton gefragt zu werden, ob es ihnen denn auch wirklich schmeckt. Eltern beschimpfen ihre Kinder, die das Lernpensum nicht schnell genug absolvieren und ermahnen sie, doch nicht ständig so „rumzutrödeln". So etwa, sicherlich aber so ähnlich, zeigt sich der Alltag in einer Welt, die alles darauf anlegt, sich möglichst rasch in ein Tempodrom zu verwandeln.

In den allermeisten Fällen jedoch zahlen sich Zeitnot und Hetze nicht aus. Die Folgen sind unübersehbar: Zu hohes Tempo führt im Straßenverkehr zu lebensbedrohlichen Situationen und zu mehr oder weniger dramatischen Unfällen, in der Bauwirtschaft führt es zu dem, was wir uns angewöhnt haben, allzu bagatellisierend „Pfusch am Bau“ zu nennen, in der Finanzwirtschaft, die heute unsere halbstündlichen Nachrichtensendungen dominiert, führt sie zu kostspieligen Crashs, im Herstellungsprozess von Gütern und Waren zu erhöhtem Ausschuss und umfangreichen Mängeln, in der Erziehung schließlich zu frustrierten, demotivierten Kindern und Jugendlichen. Politiker, die zu jeder Gelegenheit aufs Tempo drücken, setzen sich dem begründeten Verdacht aus, die Demokratie und deren abgebremste, zeitintensive Verfahren außer Kraft setzen zu wollen.

Um Missverständnisse gar nicht erst aufkommen zu lassen: Schnell sein und schnell sein zu können ist weder gut noch schlecht, weder etwas, das es zu bejubeln, noch das es zu verdammen gilt, es ist schlichtweg notwendig, überlebensnotwendig. Nicht notwendig jedoch ist es, immer und überall schnell zu sein und alles und jedes schneller machen zu wollen. Schnelligkeit ist nur dort sinnvoll und vernünftig, wo es der Anlass verlangt, und nur dann, wenn sich Ort und Zeit dafür eignen. Befindet man sich gerade in einer Sackgasse, ist man soeben bemüht, sich durch ein Nadelöhr zu zwängen, hilft ein Tritt aufs Gaspedal so wenig wie das laute Pfeifen dem im Wald Verirrten. Selbst im Zentrum der Beschleunigung, im Bereich der Wirtschaft, ist Schnelligkeit nicht immer und nicht überall lohnend. Nehmen wir einen Hotelbetrieb: Ankommende Gäste möchten ihren Zimmerschlüssel gewöhnlich relativ schnell haben. Am nächsten Morgen aber wollen sie ihr Zimmer nicht unbedingt rasch wieder räumen müssen. Auch hält sich die Begeisterung in Grenzen, wenn im Hotelrestaurant das Menü in ICE-Geschwindigkeit serviert wird. Ganz zu schweigen von den Gesten und den Regeln der Höflichkeit, deren Abschaffung aus Kostengründen sich in den wenigsten Fällen auszahlt.

Vieles lässt sich gar nicht beschleunigen. Dazu zählen das Denken, die Kreativität, das Erfinden, und auch dem Reden sind, legt man Wert darauf, verstanden zu werden, enge Grenzen der Beschleunigung gesetzt. Wer versucht, schneller zu schlafen, um Zeit zu sparen, stößt ähnlich rasch wie Redner an Grenzen. Gleiches gilt für die Beschleunigungsfähigkeit von Gefühlen, Empfindungen und Stimmungen. Soll man aus Zeitspargründen schneller trauern oder schneller lieben und geht das überhaupt? Kurzum, man kann, selbst wenn man das möchte, nicht alles und jedes beschleunigen; und genau so wenig ist es klug, alles und jedes zu entschleunigen. Wer legt schon Wert darauf, den Notarzt mit einem vierbeinigen Pferd und nicht mit der Antriebskraft etlicher Pferdestärken kommen zu sehen?

Sieht man nicht allzu flüchtig hin, muss man zur Kenntnis nehmen, dass der zeitliche und auch der finanzielle Aufwand, den die Beschleunigung verlangt, in dem Maße steigen, wie das Tempo zunimmt. Nicht zuletzt, um die mit der Beschleunigung einhergehenden Gefahren abzuwehren, abzufedern oder zu kompensieren. So verlangen beispielsweise Gesetzgeber und Versicherungsgesellschaften, um die Fahrsicherheit auch bei hohen Geschwindigkeiten zu gewährleisten, kostspielige Zusatzeinbauten im Kraftfahrzeug, wie Airbags, Antiblockiersysteme, verbesserte Bremssysteme, Seitenaufprallschutz, Anschnallgurte und andere mehr. Mit steigender Geschwindigkeit wachsen die Risiken, und mit den Risiken steigen die Kosten.

Es wäre jedoch so naiv wie unsinnig, daraus den Schluss ziehen zu wollen, alles müsste langsamer werden, und nur wenn's langsamer würde, würde es besser und eventuell auch billiger. Jeder Radfahrer weiß, dass man die fürs Balancieren notwendige Stabilität nicht allein durch Langsamkeit gewinnt. Stabil wird und ist ein System, wenn es sich überflüssiger und zu risikoreicher Schnelligkeit entledigt. „Simplify your Life" kann die zu simple Lösung nicht heißen. Es ist nichts als ein

Schlagwort, mit dem Hoffnungen und Sehnsüchte verkauft werden, die allein jenen geldwerten Nutzen bringen, die mit derart betitelten Ratgebern ihre Geschäfte machen.

Erinnern wir uns: In annähernd allen früheren Hochkulturen waren Geduld, Gelassenheit, Beharrlichkeit und Langsamkeit ein Zeichen von Würde, ein Indiz der Klugheit, Selbstachtung und Selbstsorge. Die Griechen und die Römer waren überzeugt, dass all die, die schneller als das Leben sein wollten, Probleme mit der Wirklichkeit, Schwierigkeiten mit ihren Mitmenschen und schließlich auch mit ihrer Wahrnehmung und Realitätseinsicht bekommen. Sophokles zum Beispiel mahnte im *König Ödipus* vor übereiltem Denken mit dem Hinweis: „Wer schnell denkt, strauchelt leicht."

Das große Rennen aber, das die Beschleuniger für das Leben halten, gewinnen nicht diese, das gewinnen die Geduldigen, diejenigen, die warten können, die, die zeitsatt und zeitzufrieden das Zeitliche segnen. Das ahnt auch noch der gestressteste Manager, während er sein Essen in Windeseile hinunterschlingt und mit einem Auge auf die Uhr, mit dem anderen in den Wirtschaftsteil der Zeitung oder seine Mails blickt. Seine Angst vor dem Tempokollaps, dem Herzinfarkt und dem zu frühen, unangekündigten Tod, und auch das schlechte Gewissen gegenüber Frau und Kindern veranlassen ihn immer wieder zu Illusionen und unrealistischen Versprechen, mit ganz viel Tempo schneller dort zu sein, wo er sich dann Zeit für alle und alles nehmen kann. Er gaukelt sich vor, in absehbarer Zeit, wenn es die Geschäfte und die Lage denn erlauben, endlich mal „richtig" Urlaub zu machen, dem süßen Nichtstun zu frönen, den lange ersehnten Weinberg zu kaufen, mit dem „richtigen Leben" zu beginnen. Doch ach, die Geschäfte erlauben es nie und die aktuelle Lage noch weniger. Sie gestatten keine Pausen, Auszeiten schon gar nicht, und sie erlauben auch kein stressentlastendes, vielgestaltiges und buntes Privatleben. Im Geschäftsleben ist man stets mit Blaulicht unterwegs, die Langsamkeit hat ihren Platz dort ausschließlich als Störung.

Widersprüchliche Bremsversuche

Angewöhnt haben wir uns, jene Zeitepoche „Moderne“ zu nennen, in der sich die erfahrbare Welt schneller verändert als das menschliche Herz und die menschliche Vernunft, in der die Chancen abnehmen, jemals auf dem Laufenden zu sein. Die tyrannischen Gesetze der Beschleunigung stehen in keinem gelungenen Gleichgewicht zu den Erwartungen an ein möglichst zufriedenstellendes, zeitsattes Zeitleben. Zwangsläufig führt das, als Reaktion auf die sich inzwischen selbst beschleunigenden Tempodynamiken, zu Gegenbewegungen der unterschiedlichsten Art und zur Zunahme von Appellen, doch umgehend auch ans Abbremsen und Herunterfahren zu denken. Gespeist werden diese Appelle von den Wünschen und der Sehnsucht nach mehr Zeit zum Leben und dem uralten Traum nach einer zumindest zeitweisen Rückkehr zu den Zeitmustern und Zeiterfahrungen der aus dem Blick geratenen Natur. In dem Maße wie die Natur von den Menschen zum Rohstoff degradiert und ihrer Zeitvielfalt beraubt wurde, wird aus dem Traum ein dringlicher Wunsch. Je hektischer und dichter die Erlebnisepisoden pro Zeiteinheit, desto größer die Sehnsucht nach dem Verlorenen. Je umfassender und unausweichlicher der von den Arbeitsbedingungen ausgehende Stress – längst hat er in vielen Bereichen ein kritisches Grenzniveau überschritten und den „Burn-out“ zum Massenschicksal werden lassen –, desto dringlicher hält man nach Gegenerfahrungen Ausschau und sieht sich nach erreichbaren Fluchtwegen um.

Auf diesen Bedarf reagiert seit einiger Zeit eine vielgestaltige, inzwischen hochprofitable Wohlfühl- und Wellness-Branche. Ihr Umsatzvolumen von inzwischen weit mehr als einer Milliarde Euro verdankt sie in erster Linie dem Versprechen einer Wiederbelebung jener Zeitqualitäten, die der rasanten Beschleunigungsdynamik der Moderne zum Opfer gefallen sind. Die verpackt sie in leicht konsumierbare, gut verdauliche geldwerte Sinn- und Zeiterfahrungsangebote. Der Großteil dieser Offerten, das gilt auch für die sonstigen derzeit in Mode gekommenen „Slow"-Angebote, durchkreuzt den stürmischen Ozean der Zeit unter der Fahne der „Entschleunigung". In die Naturschutzgebiete der Wellness-Angebote abgedrängt, überdauern die abgebremsten Zeitformen der Langsamkeit, des Innehaltens sowie der wichtigste Faden im Teppich des Lebens, das Zeitmuster des Rhythmus. Je geringer die Chance, diesen als akzeptierte und lebendige Zeitformen im Alltag zu begegnen, desto mehr und häufiger wird ihre Erfahrung zu einem gesuchten und beliebten Wochenendvergnügen.

Mit kalkulatorischem Blick auf die möglichst profitable Verwertung der Sehnsüchte überarbeiteter Zeitgenossen und Zeitgenossinnen nach Ruhe, Entspannung und Selbstfindung werden jene Zeiterfahrungen, die die Hektik der herrschenden Alltagsnormalität nicht mehr zulässt, zum Beispiel Langsamkeit, Innehalten und Besinnung, kundenfreundlich inszeniert und arrangiert.

So gesehen ist der überbordende „Wellness-Boom" nicht etwa das Klopfzeichen einer neuen Zeit, auch nicht eines neuen Umgangs mit Zeit. Vielmehr lässt er sich in seinem Kern als Reaktion auf die Sehnsüchte nach jenen Zeiterfahrungen zurückführen, die im Beschleunigungssog der Moderne verlorengegangen und im doppelten Sinne des Wortes unter die Räder geraten sind. Deshalb muss man sie nicht verdammen oder ablehnen. Sie bestehen auch nicht ausschließlich aus Kompensationsangeboten. So ist es ja durchaus denkbar, dass während eines Power-Yoga-Wochenendes bei dem einen oder der anderen Entspannung Suchenden die Erkenntnis reift, dass nicht nur die weltweiten Energievorkommen zeitlich und mengenmäßig begrenzt sind, sondern auch die eigenen Kräfte und

Energiereserven, und dass zusammen mit der Summe der modernen Errungenschaften zugleich auch die Gefahr wächst, eher und schneller erschöpft zu sein, als es einem gut tut und als es notwendig wäre. Wenn eine derartige „Erleuchtung" schließlich zu einem achtsameren Umgang mit der Freundin „Zeit" führt, dann ist das Wohlfühlwochenende mehr als nur ein „Wundschnellverband" für die Verletzungen, die der strapaziösen Hetze der Werktage geschuldet sind. Doch machen wir uns keine Illusionen – wie aus mannigfaltigen Erfahrungen ersichtlich, ist der Weg von der Erkenntnis zur Praxis steinig, kurvig und nicht immer leicht und problemlos zu finden.

Auch die sanft plätschernden Wellness-Welten, diese Kurzurlaubsoasen für Stressgeplagte, können sich der Beschleunigungsdrift nicht entziehen, sind sie doch ein – inzwischen gewichtiger – Teil des in der „Zeit-ist-Geld"-Logik operierenden Marktgeschehens, bei dem bekanntlich die Konkurrenz das Geschäft belebt und beschleunigt. So treten die diversen „Entschleunigungsangebote" denn auch, von der Konkurrenz getrieben, in marketingmäßig herausgeputzter bunter Kostümierung auf. Mal tun sie das als Offerte zum Stressabbau in einer Schweizer Luxustherme einschließlich diverser Bergkräuterbäder, mal präsentieren sie sich als Selbstfindungswochenende auf einer abgelegenen Alm ohne elektrisches Licht und fließendes Wasser oder auch als Ayurveda-Kur in einem schicken Hotel in Sri Lanka. Altehrwürdige, vor 2000 Jahren von den Römern gegründete Kur- und Badeorte wurden inzwischen kurzerhand zu Wellness-Oasen mit Business-Yoga und Anti-Stress-Kuren erklärt und marktgerecht umgestaltet. Im Schlepptau der Tempoentschlackung kommt jedes zweite Provinzhotel mit einer Sauna- und einer Entspannungslandschaft daher, mal im neu ausgebauten Keller, mal im jüngst aufgestockten Dachgeschoss.

Dies alles würde nicht existieren, liefen nicht immer mehr überarbeitete Menschen herum, die irgendwo in der Provinz in irgendeinem Hotelzimmer aufwachen und sich unausgeschlafen und ungewaschen fragen, wo sie sind: in Berlin, Bielefeld, Nürnberg, Stuttgart oder Essen, oder an einem Ort, dessen Namen sie vergessen haben? Anlässlich solcher oder einer ähnlich verwirrenden Erfahrung, wie sie Karl Valentin in die Frage kleidete: „War's gestern, oder im vierten Stock oben?", entsteht dann schon mal das Bedürfnis, das Hamsterrad der Tempospirale so schnell wie möglich zu verlassen – zumindest für ein paar wenige Stunden im nächstgelegenen Wellness-Paradies.

Auch der wohlschmeckende, Slow Food genannte Protest gegen die sich aggressiv ausbreitende Fast-Food-Welle muss in diesen Zusammenhang gestellt werden, ebenso der bei Managern jüngst sehr beliebte Trendpfad zum Kloster auf Zeit, ganz zu schweigen vom sündteuren „Do-nothing Weekend" zur Selbstfindung in einem reetgedeckten Cottage an der irischen Westküste. So, oder so ähnlich, sehen die von der Beschleunigungsgesellschaft offerierten Verschnaufpausen und Abbremsangebote für die gehetzten und unter Hochdruck stehenden Individuen unserer Tage aus.

Doch lassen wir uns nicht täuschen. Die sich auf den ersten Blick als attraktive Gegenwelt präsentierenden Selbstverwöhnungsangebote, das gilt für den zehntägigen Klosteraufenthalt ebenso wie für sonstige eigens inszenierte Gegenwelten des Beschaulichen und Besinnlichen, sind von dem gleichen Nützlichkeitsdenken infiziert, das den Alltag und dessen Hetze fest im Griff hat. Die täglich mehr werdenden Offerten zum Kurzzeitausstieg, zur Burn-out-Prophylaxe, zur lange schon fälligen Entspannungs- und Erholungspause sowie die diversen Offerten des meditativen „Zu-sich-Kommens" sind weder in der Lage, der Wachstums- und Beschleunigungsdrift Einhalt zu gebieten, noch gelingt es ihnen, die sich zunehmend verselbstständigenden Zeit-ist-Geld-Imperative von ihren aggressiven Eroberungsfeldzügen in die außerökonomischen Lebenswelten abzuhalten.

Ob Wellness-Spa, Yoga-Workshop, Einkehr-Aufenthalte oder Besinnungs-Wochenende, es sind diese quasitherapeutischen Gegenwelten, die das weitere Funktionieren des Getriebes in den Produktionshallen und den Bürowelten der Republik sichern. Der zehntägige Klostertourismus, das Meditations-Wochenende befreit den Manager nicht von seinem Alltagsstress. Bereits am ersten Tag nach dem Boxenstopp im spirituellen Naturschutzpark hinter den Klostermauern, nach einem zehnminütigen Halt im Raum der Stille ist es nicht anders, geht das Rennen um das goldene Kalb so hektisch weiter wie in den Tagen davor. Es ändert sich nichts, das Gerenne, die Eile nehmen nicht ab, der Stress, der Zeitdruck und die Zeitnot werden keinen Deut geringer und schon gar nichts verändert sich an dem jeglichem unternehmerischen Handeln eingeschriebenen Zwang zu immer umfangreicherem Wachstum durch steigende Beschleunigung und wachsendes Zeitsparen. Innehalten wir nur dort akzeptiert und für sinnvoll gehalten, wo es in seinem Ergebnis zu einer weiteren Beschleunigung bei der Aufgabenbewältigung führt. Bereits der Sachverhalt, dass es dabei stets um die paradoxe Maßnahme einer „schnellen Entschleunigung", einer „Ruck-zuck-Entspannung" geht, beweist das eindringlich.

Dies gilt für die Wohlfühlindustrie im Ganzen und es gilt für die Entspannungs- wie auch für die Besinnungsangebote im Speziellen. Sie werden das Alltagstempo weder reduzieren noch mäßigen, und sie werden auch dessen weiteren Anstieg nicht abbremsen. Auch wenn man das beabsichtigt, auf individuelle Art und Weise lässt sich dies sowieso nicht bewerkstelligen. Längst nämlich ist die Wellness-Industrie ein gewichtiges Segment jener „Zeit-ist-Geld"-Dynamik, die sie hervorbringt und von der sie profitiert. Sie ist ein Ventil, das für die Stabilisierung dessen sorgt, von dem man sich erholen muss. Die Langsamkeit, die Geduld und das Abwarten sind zwar abgeschafft, sie überleben jedoch, und das gar nicht schlecht, als profitables Geschäft mit den unerfüllten und unter den herrschenden Bedingungen auch gar nicht erfüllbaren Sehnsüchten nach ihnen. In einer auf Beschleunigung und Wachstum fixierten Gesellschaft lassen sich die Sehnsüchte nach dem, was das trendige Kunstwort „Entschleunigung“ als realistische Alternative unterstellt, nun mal prinzipiell nicht dauerhaft erfüllen.

Solange wir nicht bereit sind – und das nicht nur individuell – die Steigerungsspirale des „Immer-mehr“ zu verlassen, solange helfen weder irgendwelche Zeitratgeber noch attraktive „Entschleunigungsangebote“.

Wellness-to-go

Die Nichterfüllbarkeit der Sehnsüchte und Wünsche ist es, die den Ruf nach „Entschleunigung“ – der im Übrigen weiter reicht als der zur „Verlangsamung“ – so attraktiv macht. Er treibt den Kapitalismus voran und verleiht ihm die ihn nährende Wachstumsenergie und die Kraft, sich unaufhörlich zu wandeln und in Bewegung zu bleiben. Das kapitalistische Wirtschaftssystem, das dafür sorgt, dass nichts bleibt, wie es ist, blüht und gedeiht ja nicht deshalb, weil es die Wünsche der zu Kunden mutierten Menschen erfüllt, sondern weil es stets nur verspricht, sie zu erfüllen. Der Kapitalismus lebt von seinen Versprechen, nicht von deren Realisierung. „Entschleunigung“ ist ein solches Versprechen – die simple Ausgabe der Beschwörung eines anderen, selbstverständlich besseren Lebens. Dabei bleibt es dann auch. Der in unseren Tagen immer lauter vernehmbare Ruf nach „Entschleunigung“, der ja stets einer nach „Entschleunigung“ bei laufendem Motor ist, ist ein höchst profitables – die Umsätze der Wellness-Industrie lassen daran keinen Zweifel – Mittel zur Stärkung des Wirtschaftsstandorts und zur weiteren Steigerung des bereits hochtourigen Alltagstempos. Was könnte das besser belegen als die Tatsache, dass die Entschleunigungsrhetorik regelmäßig im Advent ihren jahreszeitlichen Höhepunkt erlangt, zu einer Zeit, in der Entschleunigungsappelle die allergeringsten Chancen haben, dem kollektiven Kaufrausch des gehetzten Alltagstrubels Einhalt zu gebieten. Machen wir uns also nichts vor, in den Oasen der Erholung, der Entspannung, der Besinnung und der Einkehr spricht man die gleiche Sprache und gelten die vergleichbaren Zeitimperative wie in den Bankpalästen und den Manageretagen der Produktionsbetriebe.

Wirtschaftskraft und Lebenstempo haben, wie man weiß und wie tausendfach belegt ist, ganz viel miteinander zu tun. Das bestätigen sämtliche Erfahrungen sowie alle einschlägigen Untersuchungen. Gemeinsam laufen sie auf die Aussage hinaus: Je reicher eine Kommune, je wohlhabender ein Land oder eine Region, desto temporeicher der dortige Alltag. Und dazu trägt dann auch jener Wirtschaftszweig bei, der unter der Fahne der salbungsvollen, vielversprechenden und wichtigtuerischen Worthülse „Entschleunigung“ derzeit durch die herrschende Zeitkultur schippert. Sprach man früher von Oasen der Ruhe, von Geduld, Innehalten oder der Langsamkeit, so packt man das heute in die mit Sehnsüchten, Wünschen und Begehrlichkeiten der unterschiedlichsten Art angefüllte Vokabel von der Entschleunigung.

„Entschleunigung“, ich bitte Sie, was soll das heißen, wie soll das gehen? Ist Entschleunigung das Gleiche wie Beschleunigung, nur in entgegengesetzter Fahrtrichtung, oder zeigt der Entschleunigungswegweiser in eine völlig andere Richtung? Könnte es sein, dass die, die sich fürs Aufstellen solcher Wegmarken verantwortlich fühlen, gar nicht wissen, wo der Entschleunigungsweg hinführt? Vielleicht finden sie ja Entschleunigung nur so toll, weil das irgendwie so schick, so „hip“ und angesagt klingt und mal etwas anderes ist als immerzu mit dem Zeitgeistmainstream gemeinsam „schneller–höher–weiter“ zu brüllen. Man wird den Verdacht nicht los, dass die Entschleuniger mit den Beschleunigern irgendwie gemeinsame Sache machen. Nicht zuletzt, weil der Treibsand des modischen Entschleunigungs-Wortgeklingels die wenigen in unserem Alltag noch vorhandenen Oasen der Ruhe, des Innehaltens und der Geduld nicht weniger als die Tempobolzer bedroht und aus den letzten Resten der übrig gebliebenen Zeitoasen auch noch zeitliches Niemandsland macht.

Es klingt paradox, aber es funktioniert: Erst das Entschleunigungs-Versprechen“ bringt das Leben so richtig auf Trab. Was könnte das besser bestätigen als das zeitflexible Angebot eines mobilen Massageunternehmens, gestressten Managern „zwischendurch“ mal schnell im Büro den verkrampften Rücken zu lockern, und ebenso die am Münchener Flughafen offerierten vier Quadratmeter kleinen klimatisierten Schlafkabinen – im Werbeprospekt als „Nap Cabs“ angepriesen – die hastenden Geschäftsleuten zwischen zwei Interkontinentalflügen eine Kurzruhestätte anbieten. Wellness-to-go, on-demand und rasch, die flexible Dienstleistung im Vorbeigehen mit dem großen Zukunftspotenzial.

Es sind jedoch nicht nur solche dubiose und nicht selten sinnlose Entschleunigungsofferten, die der Beschleunigungsdynamik des Kapitalismus zuarbeiten, es ist die gesamte Wellness-Branche die das tut. Nicht zuletzt ist sie es, die das herrschende Wirtschaftssystem in die Lage versetzt, jene Probleme und Schäden, die seine geschäftig-nervöse Übereiltheit verursacht, wiederum zum Geschäft zu machen. So macht es den Menschen zu einer um seine Zeitnatur beraubte Spezies, entfremdet ihn von dieser und macht diesen Prozess der Entfremdung zu einem profitablen Deal. Eines der vielen möglichen Beispiele für den Weg, wie die kapitalistische Ökonomie aus sich heraus die Kraft erzeugt, sich unaufhörlich zu verwandeln und zu erneuern. Das ist, nebenbei bemerkt, auch eine ihrer maßgeblichen Stärken, die sie die Konkurrenz mit dem staatssozialistischen Wirtschaftssystem siegreich hat bestehen lassen. In ihrer Fähigkeit, aus eigenem Schaden Gewinn zu ziehen, war sie seinem östlichen Widersacher hochhaushoch überlegen. Man muss sich nur umsehen, um diesen Sachverhalt zig-fach bestätigt zu bekommen. Der Kapitalismus firmiert als nachhaltiger Kapitalismus wenn er „recycelt", was er selbst an Schädlichem und Schädigendem hervorbringt. Die florierende Abfallwirtschaft, die gewinnbringende Sanierung ökologischer Schäden und die eklatant steigenden Umsätze diverser Zeitmanipulationsmedikamente – als da sind: Antidepressiva, Stimmungsaufheller und Schlafmittel – sind nur einige der vielen offensichtlichen Belege für die Fähigkeit der kapitalistischen Ökonomie, aus den selbst verursachten Schäden Profit zu ziehen.

Und noch weitere Errungenschaften zeugen davon. Da finanziert die Volkswagen AG, als führendes „Entschleunigungsunternehmen" bisher noch kaum in Erscheinung getreten, eine mit viel Tamtam beworbene, aufsehenerregende Kunstausstellung in der Autostadt Wolfsburg mit dem Zeitgeisttitel „Die Kunst der Entschleunigung" (vgl. dazu das folgende Kapitel). BMW, auf der gleichen Zeitgeistwelle reitend, bewirbt seine hochpreisigen Automodelle mit der Offerte – der Internetzugang im Auto macht's möglich –, neuerdings auch in zwangsentschleunigtem Zustand, vulgo: Stau, ganz schnell sein zu können. Mediacenter und Datenautobahn und andere „Facilitäten" mehr sorgen dafür, dass der Zeitgenosse selbst dann, wenn er aufgrund überhöhter Geschwindigkeit aus der Kurve getragen im Kiesbett gelandet ist, den Mobilitätsanforderungen des Hochgeschwindigkeits-Zeitalters gerecht werden kann. Auch bei den Kunden der notorisch verspäteten Bahn – man könnte sie mit einer gewissen Berechtigung als das erste erfolgreiche „Entschleunigungsunternehmen" bezeichnen – dürfte der Appell zur Entschleunigung auf keine allzu breite Resonanz treffen. Dort, wo der Hochgeschwindigkeitsfetischismus über sich selbst stolpert und in den das moderne Dasein kennzeichnenden paradoxen Zustand des

„rasenden Stillstandes“ umschlägt, laufen alle noch so eindringlich und emphatisch artikulierten Entschleunigungsappelle ins Leere und machen sich lächerlich.

Es ist dieses Beispiel, das die Zweifel nährt, ob es wirklich realistisch ist, die übermäßige Schnelligkeit als das Zeitproblem der Gegenwart zu identifizieren, dem heute mit der Forderung nach „Entschleunigung“ begegnet werden muss. Profunde Analysen und Befragungen über das Leiden am derzeitigen Umgang mit dem, was wir „Zeit“ nennen, kommen zu dem Ergebnis, dass es nicht die Schnelligkeit, sondern das Phänomen der Zeitverdichtung ist, das dafür die Hauptursache ist. Beklagt wird, dass die Zeit mehr und mehr ihre Gestalt und ihre Konturen verliert. Es wird nicht mehr angefangen, nicht mehr aufgehört, man schaltet ein und wieder aus, ist rasch mal hier und dann gleich wieder dort. Eine solch flüchtige „Lichtschalterexistenz“ verurteilt die Menschen zu einem Dasein, bei dem sie nicht mehr um ihre Mitte wissen. Zu oberflächlichem Handeln gezwungen, verheddern sie sich in den völlig unübersichtlichen Zerstreuungsangeboten des globalen Wühltischs einer prinzipiell unbewältigbaren Optionsvielfalt.

Beabsichtigt man den Ruf nach „Entschleunigung“ in einen konkreten situativen Anlass einzubinden, dann ist es nicht die übertriebene Schnelligkeit, sondern die unreflektierte und unkontrollierte, maßlose Zeitverdichtung, die in den Fokus geraten muss. Kann man, was unsere gegenwärtigen Probleme im Umgang mit dem Zeitlichen betrifft, von einer Zeitkrise sprechen, dann handelt es sich um die von den Zeitverdichtungsdynamiken verursachten Probleme einer umfassenden Entrhythmisierung des Daseins.

Wie viel Beschleunigung?

Bereits vor 100 Jahren führte man in Deutschland eine breite Debatte über die Frage: „Wie viel Beschleunigung verträgt der

Mensch?“ Ausgelöst wurde sie damals von dem gegen Ende des 19. Jahrhunderts überall spürbaren Beschleunigungsschub. Alois Riedler, ein damals einflussreicher Maschinenbauer, erklärte 1899 den „Schnellbetrieb“ zum kategorischen Imperativ des technischen Fortschritts. In diesem Zusammenhang führte er die „Schnellpost“ ein und setzte den „Eilzug“ auf die Schiene. Eine nicht geringe Zahl von Medizinern hingegen riet, was die weitere Forcierung des Tempos anbelangte, zur Zurückhaltung. Sie warnten vor einer Nervenkrankheit, der sie den Namen „Neurasthenie“ gaben. Der Volksmund nannte sie „Zeitkrankheit“.

Ernst zu nehmende Warnungen und Einsprüche konkurrierten mit weniger ernst zu nehmenden. Zu den weniger ernst zu nehmenden zählte die Warnung des Medizinalrates Dr. Nacke, der „jungfräuliche Damen vor dem Besteigen selbstfahrender Kutschen“ warnte. Das schnelle Fahren, so seine Begründung, sei mit Erschütterungen verbunden, die bei den jungen Damen zu „sinnlicher Enthemmung“ führen könnten. Neurasthenische Beschwerden wurden in erster Linie bei Arbeitskräften diagnostiziert, die mit den Techniken des „Schnellbetriebs“ zu tun hatten, verstärkt bei Telefonistinnen und beim Fahrpersonal elektrischer Motorwagen. Auch beim damals regierenden Kaiser, dem im Volksmund als „Wilhelm der Plötzliche“ verspotteten Wilhelm II., dessen Lieblingsparole „Mit Volldampf voraus“ lautete, diagnostizierte man die Zeitkrankheit. Zu den neurasthenischen Symptomen zählte man unter anderem Überreiztheit, gesteigerte Ermüdbarkeit, Neigung zur „Verzettelung“, Erschöpfungszustände, übermäßige Erregbarkeit, aber auch Spannungskopfschmerzen, Herzbeschwerden und Verdauungsstörungen.

Der Fortschritt, das sah man damals nicht anders als heute, ist ohne Gefahren und Verluste nicht zu haben. Ebenso wenig sind dies die neuen Freiheiten, die der Beschleunigung zu verdanken sind. Zu ihnen gehört auch der Zwang zur Freiheit, zwischen einem Stau auf der Autobahn und jenem vor den unvermeidlichen Sicherheitsschleusen an Flughäfen wählen zu können. Keine Temposteigerungen – das war stets so und das ist auch heute noch so – ohne zusätzliche Zwänge und neue Formen der Knechtschaft. Nicht zuletzt auch deshalb, weil der Mensch aus der Zeitordnung der Natur nicht wie aus einem Fiaker einfach so mir nichts dir nichts aussteigen kann. „Man hat", so Robert Musils pointiertes Fazit, „Wirklichkeit gewonnen und Traum verloren."

100 Jahre später, zwischenzeitlich wurde nicht nur mit Volldampf, sondern auch mit Elektrizität aufs Tempo gedrückt, zeigt sich der Alltag in dieser Hinsicht wenig verändert. Die Klagen über den „Schnellbetrieb" sind noch lauter und noch vielseitiger geworden. Die Zeitkrankheiten, die heute diagnostiziert werden, heißen nicht mehr „Neurasthenie", sondern „Depressive Verstimmungen" und „Burn-out". Allein die Zahl der Tabletten und die Therapievielfalt, mit denen die Krankheiten und das Unwohlsein in unseren Tagen angegangen werden, sind in einem Maß gestiegen, wie man es sich für die Artenvielfalt in der Natur wünschen würde. Zuweilen hat man den Eindruck, wir arbeiten nur deshalb so viel, damit wir uns die vielen Mittelchen aus der Apotheke und die dringend notwendigen Entspannungs-Wochenenden auch leisten können. Das aber ändert nichts an der Tatsache, dass es allemal besser ist, an der Zeit zu leiden, als von ihr verlassen zu werden.

Mehr denn je feiern heute das kalkulatorische Zeitdenken und die Beschleunigung einen Triumph nach dem anderen. Gemeinsam haben sie die Vorstellung in die Welt gesetzt und verbreitet, man könne Zeit „verlieren", „gewinnen", „managen" und sogar „sparen", man könne Zeitpläne aufstellen, die Zeit nach selbst entworfenen Regeln ordnen und eventuell sogar drei Leben in eines packen. Inzwischen sind diese Vorstellungen, die für einen mittelalterlichen Menschen noch undenkbar waren, so selbstverständlich, wie es für uns heute lebende Zeitgenossen und Zeitgenossinnen völlig unproblematisch ist, mehr Zeit fürs Zeitmanagement aufzubringen, als der vormoderne Mensch für seine Gebete brauchte, Gott um bessere Zeiten zu bitten. Zeitfragen werden heute, nach dem langen Anlauf vom Heiligen zum eiligen Geist nicht mehr im Himmel, sondern von den Halbgöttern des Zeitmanagements gelöst. Die Befreiung, die Erlösung von unseren Zeitnöten versprechen wir uns nicht mehr vom Händefalten und vom Niederknien, sondern vom gehorsamen und gewissenhaften Abarbeiten von To-do-Listen und von der Anstrengung, möglichst viele Dinge zur gleichen Zeit zu tun. Lebte der vormoderne Mensch, um von der Zeit erlöst zu werden, so der moderne, um möglichst viel aus der Zeit, die ihm gegeben ist, herauszuholen.

So ist es denn auch kein Wunder, dass die so beliebte wie unhöfliche Ausrede „Tut mir leid, keine Zeit" heutzutage zur meist gebrauchten Entschuldigung wurde. Keine Zeit zu haben ist speziell in jenen sozialen Umgebungen eine anerkannte Währung, wo es ums Selbstwertgefühl, um soziale Anerkennung und gesellschaftliches Prestige geht. Ganz abgesehen von dem traurigen Sachverhalt, dass der proklamierte Zeitmangel zuweilen auch der Vergewisserung dient, noch am Leben zu sein. Die Formel: „Ich habe keine Zeit" ist, abgesehen davon, dass sie eine Lüge und somit eine Unhöflichkeit ist, auch ein „Kommunikationskiller". Sie lässt bekanntlich keinen Einwand zu. Hätten wir jedoch mehr Zeit, wären wir um die Illusion ärmer, all das tun zu können, was wir täten, wenn wir mehr Zeit hätten.

Zeitvielfalt und Zeiteinfalt

Die bisherige Argumentation macht deutlich, dass eine wirksame Alternative zum Hochgeschwindigkeitsbetrieb, soll er denn sinnvoll und vor allem wirksam sein, nicht als Appell zur „Entschleunigung" formuliert werden kann. Allein schon deshalb, weil das Retortenwort „Entschleunigung" – zurückhaltend formuliert – eine semantische Zumutung ist. „Entschleunigung" ist ein „Unwort" – leider ist es bisher noch nicht zu dem „des Jahres" erkoren worden – das alle Kriterien eines auch nur minimalen sprachästhetischen Anspruchs verletzt. Der Begriff provoziert die Anmutung einer auf einer Schleimspur durchs Leben kriechenden Nacktschnecke. Denjenigen, die von „Entschleunigung" sprechen, kann man problemlos unterstellen, sie seien mit dem Fahrrad da. Man stelle sich nur einmal vor – lieber vielleicht doch nicht – nach dem zweiten Glas Rotwein säuselt ein bis über die Ohren Verliebter seiner Angebeteten ins geliebte Ohr: „Weißt du was, Schatz, heute leisten wir uns mal eine Duftkerze und entschleunigen ein wenig." Nein, bitte nicht auch noch das!

Und noch etwas: Der Ruf nach „Entschleunigung" kommt immer etwas zu vorwurfsvoll und weinerlich daher und ist dazu noch mit einer Überlast an frommen Wünschen und naiven Aussteigerszenarien belastet. Er ist einem radikal unterkomplexen „Schwarz-Weiß-Denken" geschuldet, das verdächtig an die teils heftigen, stets zu lauten Auseinandersetzungen zwischen Autofans und leidenschaftlichen Fußgängern erinnert. Ein solcherart konfrontatives, eindimensionales Denken aber ist nirgends weniger angebracht als dort, wo es um Zeit, Zeitordnungen, Zeitentscheidungen und Zeithandeln geht. Zeit kommt nun mal im konkreten Lebensvollzug stets nur im Plural vor, als Summe unterschiedlicher Zeiten. Deren Qualitätsvielfalt aber reicht weit über die Alternative langsam/schnell hinaus. Zwischen Highspeed und Slow Motion tut sich eine bunte, vielfarbige und abwechslungsreiche Zeitlandschaft auf. Die Summe der das Leben jeweils bestimmenden Zeitqualitäten macht die Kulturen als unterschiedliche erkennbar. Vielstimmigkeit und Vieldeutigkeit, man kann es auch die „Gleichzeitigkeit des Ungleichzeitigen" nennen, sind deren Kennzeichen.

Identisches trifft auf die Zeitwirklichkeit von Wirtschaftsbetrieben zu. Diese ist erheblich variantenreicher, vielfältiger und vielseitiger und zeigt sich darüber hinaus als sehr viel ungeordneter, ungeplanter und chaotischer, als es die in den Führungsetagen mit vorgegaukelter Gradlinigkeit und Eindeutigkeit ausgestatteten offiziellen Aussagen suggerieren. Seitens der Unternehmensspitze wird gerne eine Zeitrealität konstruiert, die es in komplexen Systemen, wie Unternehmen es nun mal sind, gar nicht geben kann.

Zeit erleben wir im Alltag als ein Labyrinth zeitlicher Turbulenzen und Verwirbelungen, als eine Art Regenbogen ineinander übergehender Zeitformen und Zeitqualitäten und ihrer nicht selten widersprüchliche Verschmelzungen und Verkettungen. Die dem Zeithandeln aufgezwungene Wahl zwischen Beschleunigung und „Entschleunigung" gleicht dem Zwang, sich bei seinen Verdauungsabläufen zwischen Verstopfung und Durchfall entscheiden zu müssen. Sie wird den Verdauungsproblemen so wenig gerecht wie den Zeitproblemen, die die Menschen umtreiben. Und in der Tat, das Wort „Entschleunigung" erwartet man eher auf dem Beipackzettel eines Medikaments zur Behebung von Verdauungsstörungen, als in einer anspruchsvollen Diskussion über die Frage, welches Tempo wir uns im Alltag zumuten wollen. Nun dürfte es ja jedem Zeitgenossen aus eigener Erfahrung bekannt sein, dass die Verdauung mehr Möglichkeiten als die etwas plumpe Alternative Be- oder „Entschleunigung" kennt. Gleiches trifft auch auf die Zeit zu und die Erfahrungen, die man mit ihr macht. In beiden Fällen geht es ums „angemessene" Tempo, und das, was „angemessen" ist, kann nicht auf die simple Alternative „schnell" oder „langsam" hinauslaufen.

Man muss sich nur mal wieder ein wenig Mozart gönnen. Der bedient sich in seinen Kompositionen in wahrlich großzügiger Art und Weise aus dem Füllhorn der Zeit. Er spielt mit 23 unterschiedlichen Geschwindigkeiten, die er zwischen „langsam" und „schnell" ansiedelt. Wer würde behaupten wollen, das von Mozart so unterhaltsam und bunt arrangierte Zeitbuffet würde nicht schmecken? In seiner Musik begegnet man unter anderem dem *andantino* (ein wenig gehend), dem *andantino sostenuto* (ein wenig zurückhaltend gehend), *andantino grazioso* (lieblich gehend), *andante* (vorwärts gehend, nicht zu langsam), *andante maestoso* (majestätisch gehend), *andante agitato* (erregt gehend), *allegretto vivo* (etwas schnell und lebhaft) und *allegro comodo* (bequem, aber schnell), *allegro* (lustig, heiter) sowie dem *presto con fuoco* (sehr schnell und feurig). In Mozarts Melodien, das macht sie ja so attraktiv und bewundernswert, sind es die Zeiten des „Dazwischen", die sich im weiten Feld zwischen langsam und schnell tummeln, die das Lebendige und die Farbigkeit seiner Musik ausmachen. In ihnen spiegeln sich die mannigfaltigen menschlichen Zeiterfahrungen in ihren verschiedenen Qualitäten und Lagen. Die Spielarten der Zeitqualitäten, die bunten, vielfältigen Variationen zwischen Zurückhaltendem und Zögerlichem einerseits und raschem, sprühendem Tempo andererseits, sie sind es, die seiner Musik ihren unübertroffenen Wohlklang und ihre unwiderstehliche Anziehungskraft verleihen. Wo Mozart mit widersprüchlichen, kontrastierenden Tempi arbeitet, versöhnt er ihre Unterschiedlichkeit zu einem Wohlklang. So wie er das im letzten Satz seines Flötenquartetts in A-Dur (KV 298) mit dem heiter-ironischen Hinweis tut: *Allegretto grazioso, ma non troppo presto, pero non troppo adagio* ... (etwas schnell und lieblich, aber nicht allzu schnell, jedoch auch nicht allzu langsam). Es sind in erster Linie die mannigfaltigen Abstufungen und Varianten zwischen dem Langsamen und dem Schnellen, die für von Mozarts Musik ausgehende Fülle an Stimmungen, Gefühlen und Zeiterleben sorgen.

Das Zeitleben kennt viele Gestaltungsmöglichkeiten. Sie auf die simple Alternative „Beschleunigung" versus „Entschleunigung" einzuschränken, ist so einfältig und phantasielos wie die Einteilung der Musik nach ernster und unterhaltender. Bezweifelt werden muss auch, dass entschleunigte Gesellschaften attraktiver und lebenswerter sind als jene, die auf Beschleunigung setzen. Es hat wenig Sinn, das Ruder um 180 Grad herumzureißen ohne zu wissen, wohin die Reise geht. Nötig hingegen hat das Zeitleben eine bunte, eine abwechslungsreiche Vielfalt an Zeitformen und Zeitqualitäten.

Enthetzen

Pflegt man eine Leidenschaft für Schlagworte und verspricht sich etwas von schlagkräftigen Parolen und kämpferischen Appellen, dann bitte nicht: „Entschleunigt Euch!" Viel sinnvoller, glaubwürdiger und realitätsgerechter wäre die Aufforderung: „Enthetzt Euch!" Wir arbeiten, leben, lieben, spielen, sprechen und entscheiden nicht nur schnell, das wäre ja kein Problem, wir tun das in vielen Fällen weit häufiger als uns gut tut, nur **zu** schnell. Die Tatsache, dass wir meist **zu** schnell, **zu** rasch und **zu** hektisch sind, ist die Hauptursache unseres Leidens an der Zeit. Dies ist allein deshalb schon ein Problem, weil es uns Probleme macht.

Beim „Enthetzen" geht's nicht, wie beim „Entschleunigen", um ein generelles, ein umfassendes Abbremsen, nicht um eine Rundum-Verlangsamung und ein Überall-Entschleunigen, sondern um die Zähmung, die Zivilisierung und die Domestizierung der Beschleunigung. Die Aufforderung zum Enthetzen zielt auf den Abbau und die Vermeidung der längst zur Normalität gewordenen Überdosis an Ungeduld und Hast, an Getriebensein, Übereiltheit und Rastlosigkeit. „Enthetzt Euch!" bedeutet: Macht Schluss mit der Übernutzung der Zeit! Stoppt die Produktion überflüssiger Beschleunigung! Haltet ein mit der Besessenheit nach immer „mehr"! Ohne eine Art Entzugsprogramm vom Rausch der Geschwindigkeit und vom Zwang zum

Immer-schneller, Immer-weiter, Immer-dichter und Immermehr wird das nicht gehen.

Wer den Abbau überflüssiger, zerstörerischer, maßloser Beschleunigung zu seinem Programm zu machen gedenkt, sollte, um glaubwürdig argumentieren zu können, statt von „Entschleunigung“ von „Enthetzen“ sprechen. Das „Enthetzen“ zielt auf die Vermeidung sinnloser Geschwindigkeit und deren weiterer Steigerung. Ihr begegnet man überall dort, wo man sich in einer Art Beschleunigungsspirale verfangen hat, in der das Tempo um seiner selbst willen immer weiter gesteigert wird. Zwar können Rettungssanitäter mit einer gewissen Berechtigung die Erneuerung ihrer Geräteausstattung mit der Argumentation: „je schneller, desto besser“ unterfüttern und dann vielleicht auch noch die Feuerwehr, darüber hinaus aber ist das Argument, das Schnellere sei stets auch das Bessere, so wenig überzeugend wie die Erwartung, es ginge mit uns und unseren Gemeinschaften nur dann aufwärts, wenn wir möglichst viele Zeiten unseres Alltags den Zeit-ist-Geld-Imperativen ausliefern würden. Eine Logik, die uns schließlich vor die einfältige Alternative stellt, vom Leben bestraft zu werden, wenn wir zu schnell und von unserem Chef bestraft zu werden, wenn wir zu langsam sind.

Enthetzen ist zwar auch eine Aufgabe, die die Einzelsubjekte angeht, in erster Linie aber ist es eine, die als gesellschaftliche Anstrengung gesehen und angegangen werden muss. Der übereilte Highspeed-Alltag, der den Menschen die zu einem guten, zeitsatten Leben notwendige Ruhe verweigert, der sie eilkrank und zu dauergestressten Mehrfachleistern macht und dabei in den Entscheidungsstau treibt, ist nicht dadurch abzubremsen und zu entzerren, dass man als Individuum etwas langsamer macht und etwas zurücksteckt. Das Enthetzen ist das Gebot einer Gesellschaft, die alles und jedes beschleunigt und ausschließlich Effizienz im Auge hat, Güterwachstum um des Güterwachstums willen anstrebt, dabei immer mehr Lebenszeit in Geldeinheiten transformiert und jede Steigerung in dieser Richtung, unabhängig von deren problematischen Folgen, zu einem Fortschritt erklärt. „Enthetzt Euch!" ist ein gesellschaftliches Projekt.

Um Missverständnisse in diesem Zusammenhang gar nicht erst aufkommen zu lassen: Genauso naiv, weltfremd und einfältig wie die Forderung nach „Entschleunigung" des Lebenstempos wäre es, in der Schnelligkeit per se etwas Schlechtes, Bedrohliches und Belästigendes zu sehen. So ist es beispielsweise überaus töricht, die Arbeit in der Küche und dort die Zubereitung einer guten Mahlzeit zu einer Schutzzone der „Entschleunigung" zu erklären. Das hätte in vielerlei Hinsicht mehr Nach- als Vorteile. Ein frisch gefangener Fisch muss nun mal, soll er gut schmecken, möglichst rasch auf den Tisch kommen, und man ist gut beraten, sich in diesem Fall an der italienischen Hausfrauenweisheit zu orientieren, die da sagt, dass ein frisch gefangener Fisch 24 gute Eigenschaften besitzt, von denen er stündlich eine verliert.

Die Fähigkeit, beschleunigen zu können, zu raschem, flinkem und geschicktem Verhalten in der Lage zu sein, hat vielen Tierarten und dem Menschen ihr Überleben garantiert und ihnen zu entscheidenden Evolutionsvorteilen verholfen. Nicht minder weltfremd und blauäugig ist der hinter dem Ruf nach „Entschleunigung" hervorlugende Wunsch nach einer Rückkehr in eine behaglichere Manufactum-Vergangenheit. Es kann nicht darum gehen – denn wie bekannt, führt vom Gekochten kein Weg zurück zum Rohen (Levi-Strauss). Es geht um die Entwicklung und die Pflege einer Kultur der Zeitvielfalt, um eine Zeitordnung, die allem Geschehen, die den verschiedenen Dingen, den Menschen und Völkern in all ihren unterschiedlichen Lebenslagen, ihren Rollen und Aufgaben, die jeweils angemessene Geschwindigkeit zu geben und zu gönnen vermag. Kurzum, es geht um die polyrhythmische Synchronisation unterschiedlicher Zeitqualitäten. Diese hat nur dort die Chance zu Verwirklichung, wo das Zeithandeln nicht dualistisch verengt wird, nicht durch eine Schwarz-Weiß-Brille des „Entweder-Oder“, sondern durch eine Gleitsichtbrille betrachtet wird. Diese erst öffnet den Blick auf die vielen schönen Blumen, die den Garten der Zeit schmücken und ihn liebens- und lebenswert machen.

Die Kunst der Entschleunigung – aber so bitte nicht!

Unter dem Titel „Die Kunst der Entschleunigung" hatte das Kunstmuseum Wolfsburg von November 2011 bis April 2012 eine Ausstellung mit Werken hochkarätiger Künstler wie Joseph Beuys, Caspar David Friedrich, Anselm Kiefer, Kasimir Malewitsch, Gerhard Richter, Auguste Rodin und anderer nicht minder hervorragender Maler und Bildhauer arrangiert. Diese Kunstausstellung fand, nicht zuletzt auch aufgrund ihres provokativen Titels in den Medien breite Resonanz. Die Frage, ob es überhaupt eine „Kunst der Entschleunigung" gibt und ob es vernünftig ist und Sinn macht, zwischen einer „Entschleunigungskunst" und einer „Beschleunigungskunst" zu unterscheiden, ist dabei selten gestellt worden. Das soll hier nachgeholt werden.

Die Kunst der Entschleunigung

Im Zentrum der Ausstellung „Die Kunst der Entschleunigung", so die Presseunterlagen, „... stand das kontrapunktische Phänomen von Bewegung und Ruhe in der Kunst von der Romantik über die Klassische Moderne bis zur Gegenwart." Gesponsert wurde die Ausstellung von Volkswagen Financial Services.

Es ist immer problematisch, häufig zu simpel und schon gar nicht originell, den Titel einer Kunstausstellung aus seinem Gegenteil heraus zu begründen. Das aber tat der für die Ausstellung verantwortliche Direktor des Wolfsburger Kunstmuseums. In der *Frankfurter Allgemeinen Sonntagszeitung* erläuterte Markus Brüderlin das Ausstellungskonzept: „Eigentlich über das Gegenteil: durch die Beschleunigung. Sie ist nicht nur ein Wesensmerkmal des modernen Lebens, sondern findet sich auch in der Kunst [...] Bei der Beschäftigung mit der Beschleunigungsmoderne haben wir nun entdeckt, dass mit der Faszination der Avantgarde für die entfesselte Bewegung von Anfang an stets auch die Suche nach einer Ästhetik der Langsamkeit verbunden war. Dies wird nun erstmals in einer großen historischen Ausstellung dargestellt."

… nur ein Konstrukt der Ausstellungsmacher

Offene und ehrliche Worte. Bei der Betrachtung der Bilder vor Ort, insbesondere aber durch die Anordnung ihrer Präsentation wurde offensichtlich, dass es sich bei dieser Konzeption nicht, wie Brüderlin sagt, um eine Entdeckung, sondern lediglich um ein Konstrukt der Ausstellungsmacher handelte. Dieses nun hatte mit den Künstlern, ihren Botschaften und den ausgestellten Kunstwerken so viel oder so wenig zu tun wie ein Kuckuck mit der Uhr. Das Konstrukt war eine Konzession an den aktuellen Zeitgeist. Nicht die Kunst und auch nicht die Künstler arbeiteten sich am Thema „Entschleunigung" ab, sondern die Ausstellungskuratoren und ihr vom Geist des Trends infizierter Blick auf die Ökonomie der Aufmerksamkeit. Es gab und gibt nun mal keine „Kunst der Entschleunigung", genauso wenig, wie jemals eine Kunst der „Beschleunigung" existierte. Was es hingegen gibt, sind Ausstellungsmacher, die sich aufgefordert fühlen, Kunstausstellungen, weil's der Zeitgeist so will und prämiert, als Kontrastdramaturgie von Be- bzw. Entschleunigungskunst zu inszenieren. Die Schöpfer der Werke aber, und davon legen die zu einem großen Teil hervorragenden Werke, die in der Ausstellung zu sehen waren, Zeugnis ab, nähern sich dem Thema „Zeit" um ein Vielfaches sensibler, subtiler und differenzierter, als die Wolfsburger Kuratoren es taten.

Es verwundert beispielsweise, wenn der verantwortliche Museumsdirektor Brüderlin in dem von ihm verfassten Katalogvorwort feststellte, „dass Langsamkeit nicht gegen Geschwindigkeit [gemeint ist wohl ‚Schnelligkeit'] ausgespielt werden kann“, Beschleunigung also auch **nicht** gegen Entschleunigung, wie das in der Ausstellung getan wurde. „Kann“ schon, wie die Ausstellung eindrücklich zeigte, ist aber weder sinnvoll noch vernünftig und wird darüber hinaus den Künstlern und ihren außergewöhnlichen Werken nicht gerecht. Kann man den „Multitasker“ Goethe und den Global-Jetter Ai Weiwei, den seine autoritäre Regierung gerne auf Dauer zwangsentschleunigen würde, einfach mal so problemlos zu „Entschleunigungs-Künstlern“ erklären, nur weil es schwer fällt, sie in die „Beschleuniger-Ecke“ zu platzieren? Den Tausendsassa Goethe könnte man ebenso gut zur Spezies der Turbo-Beschleuniger zählen. Hatte er nicht, wie die heutzutage überall anzutreffenden „Jobhopper“, mehrere Tätigkeiten, ja sogar mehrere Berufe gleichzeitig ausgeübt? Er hat während seiner ministeriellen Inspektionsfahrten über Land gedichtet, sich gleichzeitig angeregt mit Eckermann unterhalten, hat Akten studiert, und hätte er damals schon die Gelegenheit gehabt, hätte er auch während seiner Landpartien noch mit Frau von Stein telefoniert.

Zwei weitere Beispiele aus der Ausstellung stellen das die Konzeption bestimmende Leitbild noch drastischer in Frage und zeigen darüber hinaus, dass man von der Kunst lernen könnte, wie sinn- und fruchtlos es ist, Schnelligkeit gegen Langsamkeit und Beschleunigung gegen Entschleunigung auszuspielen.

Giorgio de Chirico gegen die Futuristen

Die Geschichte der Moderne verlief selten gradlinig. Eher war sie eine turbulente Zeit der Spannungen, Widersprüche und Kämpfe zwischen unterschiedlichen Tempi und deren Setzung als verbindlichen Zeitmaßen. Sie lässt sich nicht problemlos in eine Korb mit sauberer und einen mit schmutziger Wäsche aufteilen. Auch die Kunstschaffenden taten das nicht. Begleitet, beobachtet und interpretiert wurde der Prozess der zeitlichen Modernisierung stets auch von Künstlern und ihren zum Teil grandiosen Werken. Immer kommentierten sie dabei mit ihren unterschiedlichen künstlerischen Mitteln jene Dynamik, die man sich angewöhnt hatte, seit Mitte des 18. Jahrhunderts „Fortschritt“ zu nennen. Es ging ihnen dabei nicht darum – ihre begrenzen Mittel ließen auch gar nichts anderes zu – die Fortschrittsdynamik zu bremsen oder zu forcieren, ihr Anliegen war es vielmehr, all das in einem Zusammenhang zu zeigen und zu thematisieren, was nur mit den Mitteln der Kunst darstellbar und thematisierbar war. „Ein Kunstwerk“, so Paul Valéry in seinem Leonardo-Essay, „sollte immer darauf hinweisen, dass wir noch nicht gesehen haben, was wir sehen.“

Es gehört nun mal zu den vornehmsten Aufgaben der Kunst, jene eingeschliffenen und anerzogenen Zeitmuster zu sprengen, denen die Menschen im Alltag blind folgen und die sie für normal halten. Diese Aufgabe kann sie nur erfüllen, wenn sie weder polarisiert noch den direkten, den geraden Weg geht. Einer Anzahl der in der Wolfsburger Ausstellung vertretenen Künstler war dies in ihrer Zeit gelungen, den Blick der Betrachter auf die Zeit und den Umgang mit ihr zu konzentrieren und in produktiver Art und Weise zu verunsichern. Dieses Potenzial entdeckte man in der Ausstellung jedoch nur dann, wenn man sich von der dort vorgegebenen perspektivischen Engführung „Beschleunigung versus Entschleunigung“ frei machte und den seit Mitte des vergangenen Jahrhunderts sich in der Kunst abzeichnen Entgrenzungstendenzen zwischen Linie und Fläche, Wort und Sinn, Klang und Geräusch, Absicht und Zufall, Kunst und Leben folgte.

In der Ausstellung, im lesenswerten Katalog ist das leider auch der Fall, wurden zum Beispiel die Kunstwerke der italienischen Futuristen ausnahmslos in die Beschleunigungsschublade gesteckt. Ihnen gegenüber, als Kontrast gedacht, wurden einige sehenswerte Werke von Giorgio de Chirico, dem herausragenden Repräsentanten der „Pittura metafisica“ platziert. Sie wurden, das musste man so erwarten, mit dem Entschleunigungsetikett bedacht. Kann man das wirklich in dieser Weise machen? Kann man es sich erlauben, de Chirico so mir nichts dir nichts und nur weil es besser in die vorgegebene Ausstellungskonzeption passt, einen notorischen Beschleunigungsverweigerer nennen? Nein, das geht nicht! De Chirico und seine Bilder mit den menschenleeren Straßen und den öden, verlassenen Plätzen transportieren doch keine Botschaft der Entschleunigung. Viel eher sind sie ein deutlicher, wenn nicht sogar ein warnender Hinweis auf die Verlassenheit, die Einsamkeit und das tendenzielle Verschwinden des modernisierten Menschen aus dem ihm fremd gewordenen öffentlichen Raum, den er selbst entworfen und geschaffen hat. De Chiricos Bilder zeigen Stillstand, eine Zeitqualität, die weder etwas mit Beschleunigung noch mit Entschleunigung zu tun hat. Seine Werke fangen ein Gefühl der Fremdheit ein, das die Menschen befällt, wenn ihnen die selbst hervorgebrachte urbane Welt der Straßen und Plätze zunehmend fremder und unzugänglicher wird. Und sind nicht die zu de Chiricos Werken kontrastierten Gemälde, Skulpturen und Schriften der avantgardistischen Kunstrichtung des Futurismus, in erster Linie trifft das auf die Manifeste des lautsprecherischen Sprücheklopfers Marinetti zu, gerade in ihrem übertriebenen Pathos und ihrer heroischen Verherrlichung des rauschhaften Tempos ein aufdringlicher, ohrenbetäubender und zugleich provokativer Appell, den Fuß endlich vom Gaspedal zu nehmen? Auch wenn diese Richtungen sich nicht immer in der hier angedeuteten Art und Weise verstanden haben, haben ihre Übertreibungen und ihre Provokationen zumindest die öffentliche Diskussion um die Frage angeregt, wie schnell wir eigentlich leben wollen.

So kontrastdramaturgisch banal und unoriginell gestrickt wie die Kunst in Wolfsburg dem Publikum angeboten wurde, kommt keiner der Besucher der Komplexität der Zeit oder der Aussagekraft der Kunst auf die Spur, und gerecht wird man weder dem einen noch dem anderen. Die Kunst verfügt nun mal nicht, wie die Produkte des Ausstellungssponsors, über ein Tachometer, auf dem sich relativ mühelos ablesen lässt, ob sie beschleunigt oder entschleunigt. Ebenso wenig sinnvoll ist es, die bunte Vielfalt des Zeitlichen mit den Greifarmen des Schnell-langsam-Kontrastes vernünftig und realitätsgerecht einzufangen. Die Dialektik von Highspeed und Slow-down, der die Wolfsburger hofften auf die Spur gekommen zu sein, entdeckte man nicht zwischen, sondern in den Bildern, in den Skulpturen und in den Installationen der 160 ausgestellten Objekte. Das durchgängige Prinzip der polarisierenden Paarung, das den Ausstellungsbesuchern aufgedrängt wurde, hielt diese davon ab, sich in jener kontemplativen Art und Weise auf die Kunstwerke einzulassen, die ihre individuelle Zeitsicht, ihre Zeitwahrnehmung und ihre Zeitempfindungen relativieren oder sogar revolutionieren. Die Ausstellung aber, und diesen Vorwurf muss man den Ausstellungsverantwortlichen machen, führte nicht zu den gezeigten Kunstwerken hin und erst recht nicht in sie hinein, sondern von ihnen weg. Das ist höchst bedauerlich, denn bei intensiver Betrachtung der in Wolfburg präsentierten Kunstwerke hätte es nicht weniges über die andere Seite der Zeitvernunft zu sagen gegeben – doch wie gesagt, nur bei ge--nauerem Hinschauen.

Caspar David Friedrich gegen William Turner

Ein weiteres Beispiel für das äußerst unglückliche Ausstellungskonzept war die antithetische Paarung von Caspar David Friedrich und William Turner. Wiederum macht man es sich zu einfach, wenn man Friedrichs Bilder in der Entschleunigungsecke ablegt. Insbesondere das in Wolfburg ausgestellte grandiose Werk „Meeresufer im Mondschein" ist eine großartige bildliche Umsetzung romantischer Dichtung in Form und Farbe, das Bild ist – und das macht es einmalig in der Kunstgeschichte – gemalte Lyrik in höchster Vollendung. Es zu einem Entschleunigungskunstwerk zu erklären hat etwas Entwürdigendes.

Noch absurder ist es, William Turner, und so steht's wörtlich im Katalog, einen „Technikoptimisten“ zu nennen. In seinem Jahrhundertwerk *Regen, Dampf, Geschwindigkeit*, so schreibt der für die Ausstellungskonzeption verantwortliche Markus Brüderlin in seinem Katalogbeitrag, rast aus einer „wirkmächtigen, dunklen Vergangenheit ein Eisenbahnzug die stürmischen Naturkräfte überwindend in eine lichte Zukunft“. Worte, die man eher vom Marketingchef des Ausstellungssponsors bei der Präsentation eines neuen Automodells erwarten würde. Doch wie Brüderlin behauptet, ist es nicht. Turner gelingt es nämlich in seiner Malerei in unnachahmlicher Art und Weise die dünnen Wände des Einerseits/Andererseits zu durchbrechen. In dem in London hängenden prophetischen Turner-Bild *Rain, Steam and Speed*, das für die Ausstellung bedauerlicherweise nicht zu bekommen war, stellt der größte englische Maler des 19. Jahrhunderts nicht, wie von Brüderlin salopp unterstellt, die Segnungen des Fortschritts dar, sondern die Klopfzeichen seiner problematischen Folgen. Der auf die Beschauer zurasende Zug versetzte diese – wir schreiben das Jahr 1844 – in Angst und Schrecken, so wie es in einem Stummfilm die auf die Kinogänger zurasende Lok tut. Turner führt die Menschen mit seinen Bildern nicht, wie behauptet, „in eine lichte Zukunft,“ sondern in eine nicht ganz so hell erleuchtete Zeit mit absehbaren großen ökologischen Problemen. Der Sieg des Maschinenzeitalters über die Zeitmuster der hinter dem Vorhang von Rauch, Dampf und Schmutz entschwindenden Natur, das ist es, was Turner zeigt, ist der Preis, den es in einer in immer höherem Tempo auf die Menschen zurasenden Zukunft zu zahlen gilt. Dass sich die Natur dagegen „zur Wehr setzen“ kann, auf diese Hoffnung deutete das in Wolfsburg gezeigte Turner-Bild *Rough Sea with Wreckage* hin.

Denkt man jedoch in den kontrastierenden Kategorien der Ausstellungsmacher, wäre Turner nicht zu den Be-, sondern zu den „Entschleunigern“ zu zählen. Er warnt, und das zu einem sehr frühen Zeitpunkt der Beschleunigungseuphorie, vor den Illusionen des Fortschritts. Während Turner mit seiner Malkunst mutig den Mainstream des damals herrschenden Industrialisierungs-Enthusiasmus verlässt und die wenig romantische Rückseite der Beschleunigungsmoderne zu seinem Thema macht, opferten ihn die Wolfsburger Aussteller ohne Skrupel dem gegenwärtig herrschenden Tempo- und Wellness-Zeitgeist. Aus der niedrigen Augenhöhe eines Zeitgenossen betrachtet und dabei ihren konzeptionellen Scheuklappen Rechnung tragend, erklärten sie das britische Malergenie zu einem „Beschleuniger“, dem der romantische Caspar David Friedrich doch gefälligst entgegenschleudern möge: „Bitte schön, gehen Sie doch etwas runter vom Gas und machen Sie in Zukunft etwas langsamer.“

Nie haben sich Künstler die Zwangsjacke der Be- oder der Entschleunigungskunst überziehen lassen, und sie werden es auch in Zukunft nicht tun. Für sie war die Wolfsburger Veranstaltung eine Zumutung, da die Kunst, so Nietzsche, dafür da ist, um an der Wirklichkeit nicht zugrunde zu gehen, und sie ist auch nicht dazu da, um ein simples, vereinfachtes Bild von der Zeitwirklichkeit zu bestätigen. Doch auch für die Ausstellungsbesucher blieb das allzu schlichte im Wolfsburger Kunstmuseum aufgedrängte Zeitwahrnehmungskorsett folgenlos. Sie dachten nicht daran, der Langsamkeit mehr Platz in ihrem Leben einzuräumen. So wie sie mehrheitlich auf der Autobahn oder im superschnellen ICE mit Höchstgeschwindigkeit angereist waren, so fuhren sie nach dem Kunstgenuss auch wider mit Höchstgeschwindigkeit nach Hause. Nicht von einem hat man gehört, dass er auf der Heimreise den Mut aufgebracht hätte, den Zugbegleiter im ICE zu bitten, doch etwas langsamer zu fahren.

Wer rennt, hört wenig

Es war der 12. Januar 2007 um 7.51 Uhr als sich der weltberühmte Geiger Joshua Bell in eine Washingtoner U-Bahn-Haltestelle begab und dort ein höchst aufschlussreiches Experiment startete.

Im Outfit eines Straßenmusikers stellte er sich in die Nähe des Bahnsteigs und begann, wie in zig Konzertsälen der Welt zuvor, auf seiner kostbaren Stradivari Johann Sebastian Bachs *Chaconne in d-Moll* zu spielen. Erst der 64. vorübereilende Passant blieb für einen kurzen Moment stehen, lauschte einige Sekunden und warf dem großen Musiker ein paar Münzen in den vor ihm stehenden geöffneten leeren Geigenkasten. Auch in der Folge waren es nur sehr wenige der Vorüberhastenden, die sich von den herrlichen Tönen des unerkannten Stargeigers in ihrer eiligen Fortbewegung irritieren ließen und für einen kurzen Moment innehielten.

Und von diesen waren es auch nur ein paar wenige, die sich bereitfanden, für die hochklassige Aufführung ein paar Cent zu opfern. Nach dem 43 Minuten dauernden Konzert in dem U-Bahnhof waren schließlich 1070 Personen an dem Künstler vorbeigehastet. In seinem Geigenkasten befanden sich gerade einmal 32,17 Dollar, ein Bruchteil dessen, was eine einzige Eintrittskarte für eines der stets ausverkauften Konzerte des großen Künstlers Joshua Bell kostet.

Nun ist es kein streng gehütetes Geheimnis, dass wir in einer Tausch- und nicht in einer Gebrauchswertgesellschaft leben. Das weiß auch Joshua Bell. Daher dürfte er über den Erfolg seines Experiments, den man mit guten Argumenten ja auch einen „Misserfolg“ nennen kann, nicht sehr überrascht gewesen sein. Künstlerische Spitzenleistungen werden in erster Linie deshalb als solche anerkannt, weil sie öffentlich als solche definiert werden und in einer Umgebung stattfinden, die durch ihr besonderes Arrangement und ihre allseits anerkannte Bewertung als etwas Herausgehobenes und Besonderes anerkannt ist. U-Bahn-Passagen gehören nicht dazu. Auch die Be- und die Entlohnung ist von Faktoren der Exklusivität abhängig, die man in Metrostationen vergeblich sucht.

Zu den Zeit-ist-Geld- und Ort-ist-Geld-Prinzipien in einer Tauschgesellschaft gehört es weiterhin, dass Ereignisse, seien sie auch noch so einmalig und herausragend, kaum etwas oder gar nichts wert sind, wenn sie keinen Preis haben. Im Kapitalismus ist nun mal der Wert der Preis. Es ist diese Ideologie, dieses falsche Bewusstsein, das durch das Experiment von Bell entlarvt wird. Bell rüttelt an dem Selbstverständnis dieser unserer Gesellschaft, die ihrer Zeit-ist-Geld-Mentalität zum Opfer gefallen ist und dabei vergessen hat, dass die wichtigsten Dinge des Lebens keinen Preis haben, kostenlos zu bekommen sind. Dazu gehören zuallererst die Liebe, die Luft, die Natur, das Wetter, die Freundschaft, das Vertrauen, die Zuneigung und vieles andere nicht minder Wichtige und Schöne mehr. Es braucht Mut, Engagement und Phantasie, um auf die Trivialität aufmerksam zu machen. Joshua Bell hat sie gezeigt und es hierdurch anderen gezeigt.

Doch das ist nicht alles, was man aus Bells originellem musikalischem Feldversuch lernen kann. Er zeigt auch die problematischen Folgen der Alltagshetze im Hinblick auf das, was uns durch die Eile, die uns längst zur Normalität wurde, entgeht, was sie uns nimmt.

Der getriebene Mensch hat kein Ohr für die wohlklingenden Dinge und Ereignisse, er läuft an ihnen vorbei. Er hört sie nicht, sieht sie nicht, schätzt sie nicht. Chronos verschluckt nicht nur seine Kinder, er verschluckt, und das lehrt uns die Beschleunigungsmoderne, auch seinen Götterkollegen Kairos. Hast, Rastlosigkeit und Flüchtigkeit machen gleichgültig, taub und ignorant. Mag sein, dass diejenigen, die anhalten und stehen bleiben, etwas verpassen, die aber nicht anhalten, verpassen das Beste und das Schönste.

Das Glück wohnt in der Pause

Die Vereinten Nationen haben das Jahr 2010 zum „Internationalen Jahr der Artenvielfalt" erklärt. Im Blick hatten sie dabei die schwindende Artenvielfalt, insbesondere den drohenden Verlust diverser Tier- und Pflanzenarten und ihre schrumpfenden Lebensräume. Vergessen oder übersehen jedoch hatten sie die nicht minder gefährdete Artenvielfalt der Zeit. Die aber hätte den Schutz und die Pflege aufgrund ihrer Gefährdung durch den Menschen genauso nötig. Der Gott der Beschleunigung hat ja nicht nur Bäume, Hecken, Blumen und Tiere verjagt, sondern auch etliche Zeitformen und Zeitqualitäten. Die aber hat der Artenschutz übersehen. So ist es denn äußerst bedauerlich, dass dieser fast ausschließlich Tier- oder Pflanzenarten in sein Schutzprogramm aufgenommen hat. Ebenso gefährdet ist, und zwar nicht erst seit gestern, eine nicht unerhebliche Anzahl von Zeitqualitäten.

In erster Linie betrifft das jene Schattenzeiten, die nicht beschleunigbar sind oder als unzureichend beschleunigbar gelten. Das sind vor allem die Zeiten der Ruhe, der Besinnung, des Innehaltens, der Pause und der Geduld. Sie und andere ihnen nahe stehende Zeitqualitäten, wie das Warten, das Trödeln und das Flanieren sind unter die Räder der Beschleunigung geraten. Insbesondere sind es die Pausen, die heute des Artenschutzes bedürfen. Ohne großes Aufsehen wurden wir auch von den Zeiten des Wartens, die kurzerhand zu Störungen erklärt wurden, enteignet. Ähnliches geschah mit Wiederholungen, die man zu einem Geschehen machte, das es tunlichst zu vermeiden gilt. Kurzum, all das, was das Tempo und dessen Steigerung bremst und langsamer als erwartet und gewünscht ist, wird an die unattraktiven Ränder des Alltagshandelns verbannt. Zwar gibt es mehr Zeiten als Adjektive, sie zu benennen, toleriert und gepflegt aber werden nur diejenigen von ihnen, die zur Beschleunigung beitragen. Die abgebremsten, die nicht oder nur in unzureichendem Maße beschleunigbaren werden vernachlässigt, kaum akzeptiert und selten respektiert. Mit mehr als einem müde belächelten Schattendasein können sie in unserer Tempogesellschaft nicht rechnen. Der Scheinwerfer der Aufmerksamkeit richtet sich in erster Linie auf diejenigen Zeitformen, die ein hohes Tempo garantieren. Grund genug, dass neben den vom Aussterben bedrohten Tier- und Pflanzenarten auch die in ihrem Bestand gefährdeten Zeitqualitäten in den seit 1966 erstellten „Roten Listen" schützenswerter Arten auftauchen. Ist Artenschutz, so wie die Vereinten Nationen ihn verstehen, ein unverzichtbarer Bestandteil des Naturschutzes, dann gilt das auch für den Schutz der Zeitarten. Der nämlich ist für die innere Zeitnatur des Menschen ebenso notwendig, wie er es für die natürliche Umwelt ist.

Zum servilen Untertan des Zeitgottes Chronos mutiert ist dem Menschen der Tritt aufs Gaspedal inzwischen zu einem ziel- und zwecklosen Selbstläufer geworden. Ein Zustand, der ihn daran hindert, die widersprüchliche Logik allen Zeitsparens und jeglicher Beschleunigung zu erkennen und sich ihrer bewusst zu werden. Beide nämlich führen nicht zu mehr, sondern zu weniger Zeit. Beide erhöhen die Zeitnot und den Zeitdruck und beide machen das Leben weniger lebenswert. Es ist diese von den Menschen selbst in Gang gesetzte dialektische Logik, die sie zugleich zu Opfern und Tätern eines Zeitgesetzes macht, das da lautet: **So der Mensch die Zeit nicht verlieren will, geht sie ihm verloren.**

Zeit muss man nicht in den Griff, man muss sie in den Blick bekommen. Nur so erkennt man die Kräfte des Schöpferischen der nicht beschleunigbaren Zeitqualitäten und nur so lernt man sie schätzen. Dann heißt es: Macht das Warten zu mehr als nur zur Pflege eurer Autos, die Wiederholung zu etwas Sinnvollerem als nur zum Sitzenbleiben in der Schule, macht die Pause zu etwas Besserem als zu einer Störung und das Innehalten zu etwas Selbstverständlicheres als einem Wellness-Event. Sagt weniger häufig „macht schnell" zu euren Kindern, lasst davon ab und hetzt nicht von einer Besinnung zur nächsten, von einem Entspannungsschnellkurs zum folgenden. Sorgt, kümmert euch mehr um eure Grünanlagen, weniger um eure Geldanlagen. Und das aus einem einzigen Grund: „Damit der Mensch sich selber nicht versäume." (Schiller)

Ich mache Pause – also bin ich

Es zählt zu den großen Irrtümern unserer Zeit, mittels Beschleunigung und Zeitverdichtung mehr Leben ins Leben bringen zu wollen. Was dabei erreicht wird, ist das Gegenteil. Je schneller wir werden, desto häufiger kommen wir zu spät, desto mehr verpassen wir. Allerdings nicht, weil wir nicht rechzeitig am gewünschten Ort sind, sondern weil wir, gehetzt von der Zahl der Termine, die es einzuhalten, und den vielen Dingen, die es zu tun gilt, an den schönen, angenehmen und zufriedenstellenden Zeiten und Erfahrungen des Lebens vorübereilen.

Längst ist der Kolonialisierungshunger der maßlosen Beschleunigungsdynamik in die Poren des gesellschaftlichen Lebens eingedrungen und hat dort die ehemals abwechslungsreichen Strände der Zeit planiert, begradigt und sie ihrer Vielfalt beraubt. Das Leben hat mehr Zeitqualitäten zu bieten, als die Tempogesellschaft zulässt. Die Diktatur der Chronographen, die Tyrannis des Immer-schneller und der Zwang zum Zeitsparen hat die Pause und mit ihr die Mehrzahl der übrigen nicht beliebig beschleunigbaren Zeiten zum Feindbild erkoren. Im Fernsehen ist jede Pause eine Sendestörung, im Internet ein Defekt, im Straßenverkehr ein Ärgernis und in der Arbeitswelt nichts weiter als ein geldwerter Zeitverlust. Akzeptiert werden Pausen allein in der widersprüchlichen Form von Werbepausen. Dem Motto folgend: „Pausen verkaufen wir!", werden diese nur mehr dort toleriert, wo sie den Verwertungsinteressen der Ökonomie entgegenkommen und wo sie sich in das Heer der treuen Zuarbeiter des Zeit-ist-Geld-Imperiums einreihen, dessen Interesse es ist, die ökonomisch nicht oder nur unzureichend verwertbaren Zeitqualitäten zu eliminieren.

Die „Pause“ hat eine lange und ehrwürdige Geschichte. Eine würdige Gegenwart hat sie nicht. Im alten Griechenland waren Pausen unverzichtbarer Teil der Lebensqualität. Die historischen Quellen lehren uns, dass ein gewisser Aristos im Jahr 309 vor Christus für seine Musiker mehr Pausen verlangt hat und dafür sogar den ersten uns aus der Geschichte bekannten Streik riskierte. Dass auch die Römer dem Pausenmachen und dem Innehalten viel Positives abgewinnen konnten, wissen wir von Cicero, der in seiner Schrift über den Redner einen engen Zusammenhang zwischen Pausen und bürgerlicher Freiheit herstellte: „Mir scheint nämlich selbst ein freier Bürger nicht wirklich frei zu sein, der nicht irgendwann auch einmal einfach nichts tut.“ Tempi passati!

Pause: Was ist das eigentlich? In erster Linie ist sie eine offene Tür, die heute viel zu wenig eingerannt wird. Zum andern ist sie ein „Dazwischen“, ein Intervall zwischen zwei Aktivitäten, zwei Zuständen. Pausen sind zeitliche Zwischenräume, Zwischenzeiten. Pausen sorgen für Abstand und so für den Aus- und den Durchblick. Sie unterbrechen ein Tun durch ein Nichtstun, unterscheiden zwei Handlungssequenzen durch ein Unterlassungshandeln. Nicht zuletzt bewahren Pausen die Menschen so vor dem grausamen Schicksal des Sisyphos, immerzu weitermachen zu müssen. Die Pause ist ein sanfter Sturz aus dem Gewohnten, macht das, was sie unterbricht, zu etwas Vergangenem und das, was ihr folgt, zu etwas Zukünftigem. Indem sie Abstand schafft, schafft sie zugleich Anfang und Ende. Anfangen kann man nur dann, wenn man zuvor aufgehört hat, wenn Ende und Beginn zeitlich auf Distanz gebracht wurden. Das besorgt die Dehnungsfuge „Pause“.

Pausen sind also nicht nichts. Sie sind keine leeren, keine überflüssigen Zeiträume, kein Zeitverlust. Weil in ihnen nichts geschieht, geschieht etwas, was sonst nicht geschieht. Das wiederum verleiht den Pausen ihr schöpferisches und kreatives

Potenzial und macht die Pausierenden kritisch, distanz- und urteilsfähig. Pausen sind Zeiträume des Nach- und des Voraus-denkens, sie sind Spielräume der Phantasie, der Tagträumerei und des Ab- und Umschaltens. Es sind die Pausen, in denen die Sinne und die Gedanken Auslauf haben. „Zum Denken", so Walter Benjamin, „gehören nicht nur die Bewegung der Gedanken, sondern ebenso ihre Stilllegung." Das hatten die Pausenverächter hinter den glitzernden Glasfassaden vergessen, die uns bei ihrer pausenlosen Jagd nach dem schnellen Geld ganz nahe an den Abgrund geführt hatten. Kafka hatte sie zwar gewarnt – aber sie hatten keine Zeit ihn zu lesen. Die Hauptsünde der Menschheit, so notierte Kafka bereits zu der Zeit, als die Filme noch stumm waren, die Eisenbahn noch Dampf machte und die Frauen noch lange Kleider und Hüte trugen, ist ihre rastlose Unruhe und Ungeduld. Gemeinsam haben sie die Menschen das Paradies gekostet und versperren ihnen auch weiterhin den Weg dorthin zurück. Kurzum: Nicht die Ruhe, die Pause ist die erste Bürgerpflicht.

Ich mache Pause – also bin ich!

Der Pausenkuckuck

Als Goethe und Eckermann mal ne Pause machten

Montag, den 8. Oktober 1827

Es war indes Mittag geworden. Wir saßen wieder im Wagen. „Ich dächte", sagte Goethe, „wir führen nicht zu Tisch nach dem Bären, sondern genössen den herrlichen Tag im Freien. Ich dächte wir gingen nach Burgau. Wein haben wir bei uns, und dort finden wir auf jeden Fall einen guten Fisch, den man entweder sieden oder braten mag." Wir taten so, und es war ganz herrlich. Wir fuhren an den Ufern der Saale hinauf, an Gebüschen und Krümmungen vorbei, den anmutigsten Weg, wie ich ihn vorhin aus Schillers Mansarde gesehen. Wir waren sehr bald in Burgau. Wir stiegen an dem kleinen Gasthofe ab, nahe am Fluss und an der Brücke, wo es hinüber nach Lobeda geht, welches Städtchen wir über Wiesen hin nahe vor Augen hatten ...

Wir aßen unsern Fisch im Freien und blieben sodann noch bei einer Flasche Wein sitzen und hatten allerlei gute Unterhaltung.

Ein kleiner Falke flog vorbei, der im Flug und seiner Gestalt große Ähnlichkeit mit dem Kuckuck hatte.

„Es gab eine Zeit", sagte Goethe, „wo das Studium der Naturgeschichte noch soweit zurück war, dass man die Meinung allgemein verbreitet fand, der Kuckuck sei nur im Sommer ein Kuckuck, im Winter aber ein Raubvogel."

„Diese Ansicht", erwiderte ich, „existiert im Volke auch jetzt noch. Ja, man dichtet dem guten Vogel auch an, dass, sobald er völlig ausgewachsen sei, er seine eigenen Eltern verschlucke. Und so gebraucht man ihn denn als ein Gleichnis des schändlichen Undanks ..."

„Soviel ich weiß", sagte Goethe, „klassifiziert man den Kuckuck zu den Spechten ... Alles was ich über den Kuckuck gehört habe", sagte Goethe, „gibt mir für diesen merkwürdigen Vogel ein großes Interesse. Er ist eine höchst problematische Natur, ein offenbares Geheimnis, das aber nichtsdestoweniger schwer zu lösen, weil es offenbar ist. Und wie bei vielen Dingen finden wir uns nicht in demselbigen Falle! Wir stecken in lauter Wundern, und das Letzte und Beste der Dinge ist uns verschlossen ..."

„Mit dem Kuckuck", sagte ich, „ist es nicht anders. Wir wissen von ihm, dass er nicht selber brütet, sondern sein Ei in das Nest irgendeines anderen Vogels legt. Wir wissen ferner, dass er es legt: in das Nest der Grasmücke, der gelben Bachstelze, des Mönches; ferner in das Nest der Braunelle, in das Nest des Rotkehlchens und in das Nest des Zaunkönigs. Dieses wissen wir. Auch wissen wir gleichfalls, dass diese alles Insektenvögel sind und es sein müssen, weil der Kuckuck selber ein Insektenvogel ist und der junge Kuckuck von einem samenfressenden Vogel nicht könnte erzogen werden. Woran aber erkennt der Kuckuck, dass dieses alles auch wirklich Insektenvögel sind?" ...

„Da stehen wir allerdings vor etwas Göttlichem", sagte Goethe, „das mich in ein freudiges Erstaunen setzt. Wäre es wirklich, dass dieses Füttern eines Fremden als etwas allgemein Gesetzliches durch die Natur ginge, so wäre damit manches Rätsel gelöst, und man könnte mit Überzeugung sagen, dass Gott sich der verwaisten jungen Raben erbarme, die ihn anrufen."

„Etwas allgemein Gesetzliches", erwiderte ich, „scheint es allerdings zu sein; denn ich habe auch im wilden Zustande dieses hülfreiche Füttern und dieses Erbarmen gegen Verlassene beobachtet ..."

„Das ist eine der besten ornithologischen Geschichten, die mir je zu Ohren gekommen", sagte Goethe. Stoßen Sie an, Sie sollen leben und Ihre glücklichen Beobachtungen mit!" ...

Indes wir nun so an unserm Tische in freier Natur uns über gute und tiefe Dinge unterhielten, neigte sich die Sonne den Gipfeln der westlichen Hügel zu, und Goethe fand es an der Zeit, unsern Rückweg anzutreten.

Das Moratorium
– das unverhoffte Auftauchen einer verloren geglaubten Zeitqualität –

Die Welt ist doch immer wieder für „Zeit-Überraschungen" gut: Während 2010 der mittlerweile fast schon wieder vergessene Eyjafjallajökull die mobile Just-in-time-Gesellschaft zum Stillstand zwang, ist es neuerdings die gewöhnlich atemlos hetzende politische Klasse selbst, die das Stillehalten entdeckt und erste zaghafte Versuche mit dieser Kunst probiert. Da forderten die Grünen im Ländle ein Moratorium in Sachen Stuttgart 21. Erst einmal nur bis zur Landtagswahl, dann doch bis zum Ende des Stresstests und gleich noch bis zur versprochenen Volksbefragung im Herbst 2011. Ein durch Besonnenheit glänzender Ministerpräsident: „Die Befürworter des Projekts müssen dringend im Rahmen des Moratoriums mit den kritischen Experten Sachargumente austauschen, anstatt sich weiterhin gegenseitig mit Polemiken einzudecken." Und da forderten die Ereignisse in Japan und deren katastrophale Folgen eine als „Atommoratorium" ausgegebene Bedenkzeit im Politikgetriebe.

Es sind diese beiden Ereignisse, die das Zeitmuster „Moratorium" zu einer angesehenen und breit beachteten offiziellen Zeitstrategie im Politikgeschäft gemacht haben. Moratorien waren zwar auch bisher nicht unbekannt, man kannte sie aber in erster Linie aus der Welt der Wirtschaft, insbesondere aus der Finanzwirtschaft. Sie fungieren dort vornehmlich als terminlich eingezäunte „Stillhalteabkommen" zwischen Schuldnern und Gläubigern. In den meisten Fällen geht es dabei um den Aufschub fällig gewordener Leistungen, also speziell um Zinszahlungen. Historisch berühmt wurde das Hoover-Moratorium aus dem Jahr 1931, die Entscheidung des amerikanischen Präsidenten, die internationalen Zahlungsverpflichtungen – für Deutschland betraf das vor allem die Reparationszahlungen an die Siegermächte des Ersten Weltkrieges – für ein Jahr auszusetzen. Zwar tauchte auch im politischen Diskurs hin und wieder mal ein „Moratorium" auf, dies meist jedoch nur im Zusammenhang mit eng begrenzten Fachfragen, wie beim Verbot des kommerziellen Walfangs, dem seit 1986 existierenden „Walfangmoratorium". Ansonsten aber war die Zeitinstitution „Moratorium" kein geeignetes und schon gar kein gebräuchliches zeitpolitisches Instrumentarium, das für wert gehalten wurde, ins Arsenal der zeitpolitischen Strategien und Taktiken aufgenommen zu werden.

Es wäre jedoch eine Fehlinterpretation, würde man die Entscheidung, mit einem Moratorium auf die Proteste gegen Stuttgart 21 oder auf die Dramatiken in Fukushima zu reagieren, als einen Versuch deuten, die Handlungspotenziale des Politikbetriebs um die Zeitstrategie des „Moratoriums" zu erweitern. So ist es selbstverständlich nicht. Wie stets im politischen Alltag, ging es auch bei der Moratoriums-Entscheidung um die Sicherung der politischen Macht durch den Erhalt und die Stärkung der Folgebereitschaft mit einer Art Blanko-Etikett der politischen Rhetorik. So gesehen ließe sich der in die Sprachkultur der Politik neu eingeführte Terminus als „Schleppnetzbegriff" etikettieren. Zeitpolitisch auffällig und deshalb auch interessant ist in diesem Zusammenhang jedoch vor allem die Tatsache, dass man nicht, wie bisher im politischen Betrieb üblich, durch gesteigerten Aktivismus und hektischen Aktionismus reagiert hat, sondern durch eine Stopp- bzw. eine Bremsstrategie.

Doch würde man den Regierenden eindeutig zu viel Zeitkompetenz unterstellen, nähme man an, sie wären, angestoßen durch die lokalen und fernöstlichen Erdbeben, zur Einsicht gekommen, von nun an etwas langsamer zu machen und in Zukunft mehr und häufiger mit abgebremsten Zeitformen, mit

Auszeiten, Pausen, Zeiten des Abwartens und der Langsamkeit im politischen Alltagsgeschäft zu agieren. Wahrscheinlicher ist die These, dass man sich im Zustand der Aufgeregtheit und der Orientierungslosigkeit einer Strategie erinnert hat, die der Altmeister der CDU zwar nicht erfunden, aber mehrmals erfolgreich eingesetzt hat, das „Aussitzen". Doch es gibt zwischen der Zeitstrategie Aussitzen und der eines Moratoriums einen gravierenden Unterschied. Aussitzen, und darin hat es Helmut Kohl wahrlich zu einer gewissen „Meisterschaft" gebracht, ist keine politische Zeitstrategie, sondern eine auch im Politikbetrieb einsetzbare persönliche Überlebensstrategie. Sie zielt in erster Linie darauf ab, auf dem Wege der Ignoranz, des Liegenlassens, des Wegsehens, des Ausklammerns und der Nichtbehandlung über ein Geschehen – meist eine individuelle Verfehlung – möglichst schnell Gras wachsen zu lassen. So gesehen gehört das Aussitzen, so paradox es auch klingt, zu den Strategien der Beschleunigung. Beschleunigt werden soll die Versenkung eines Problems, eines „Aufregers", in die Weiten des Ozeans des Vergessens.

Ganz anders hingegen das Moratorium; bei diesem geht es nicht um persönliche Dinge (Verfehlungen, Fehltritte, Rechtsverletzungen) im Rahmen des politischen Handelns. Beim Moratorium geht es vielmehr um die Strategie des politischen Handelns selbst und um die Angemessenheit von dessen Entscheidungsgeschwindigkeit. Kurzum, Moratorien sind in Si--tuationen der Orientierungslosigkeit, der Unsicherheit, der Risikoanhäufung Zeitsignale des Ein- und des Innehaltens. Sie senden die Botschaft aus: Im Moment ist rasches, schnelles Handeln nicht sinnvoll, sondern eher kontraproduktiv. Moratorien sind die mehr oder weniger direkte Aufforderung, den Fuß vom Gaspedal zu nehmen. Auch im politischen Geschäft ist es zuweilen produktiver, sinnvoller und zielführender mit angezogener Handbremse voranzukommen.

Doch bei aller Sympathie für den innovativen Einsatz der Moratoriumsstrategie im Politikbetrieb kann man sich, speziell was das Laufzeitmoratorium in Sachen Energiepolitik betraf, nicht des Eindrucks erwehren, dass es sich dabei auch um so etwas wie den Griff zur Notbremse eines energiepolitischen Zuges handelte, der erst kurze Zeit vorher Fahrt aufgenommen hatte. Über Nacht heißt es plötzlich: „Zurück zum Ausgangsbahnhof, die geplante Reise fällt wegen unvorhergesehener Ereignisse ins (Kühl-)Wasser." Abschiednehmen war angesagt – nicht freiwillig, sondern gezwungenermaßen. Trauerarbeit jedoch braucht bekanntlich Zeit, mehr Zeit als zum Ein- und Ausschalten eines Lichtschalters notwendig ist. Mit Schalter umlegen war's also nicht getan. Es war offensichtlich, dass zur emotionalen Abkühlung Zeit bereitgestellt werden musste, um zu garantieren, dass die notwendigen Zeitentscheidungen mit kühlem Kopf getroffen werden können. Im gegebenen Fall hat das bedeutet – nicht ganz frei von Ironie – dass man, um über Laufzeiten entscheiden zu können, Standzeiten nötig hatte. Nichts anderes als diese Form des Innehaltens war gemeint, als man sich erhoffte, mit einem „Moratorium" machtpolitisch punkten zu können.

Das „Moratorium", daran erinnert die lateinische Herkunft des Wortes – morari = verzögern, verweilen, aufhalten – benennt das Bemühen, durch einen Akt des zeitlichen Abbremsens, durch die Schaffung einer befristeten Auszeit Orientierung in Zeiten der Orientierungslosigkeit zu ermöglichen und herzustellen. Im strategischen Denkraster von Gewinn und Verlust geht es um den paradoxen Versuch, mithilfe von „Zeitverlusten" zu „Zeitgewinnen" zu gelangen. Die Ausrufung eines Moratoriums ist so gesehen ein zeitlicher Bremsvorgang mit dem Ziel, schneller voranzukommen. Im konkreten Fall des Laufzeitmoratoriums vom Jahr 2010 hatte das Moratorium zuallererst die politische Funktion eines zeitlich begrenzten Abkühlbeckens für die vom Fukushima-Schock heiß gelaufenen Brennstäbe der öffentlichen Erregung. Wer will kann darin auch die Langfassung jener viel zitierten Nacht erkennen, die man bei eher alltäglichen Gelegenheiten als Kurzzeitmoratorium zu „überschlafen" empfiehlt.

Aus zeitpolitischer Sicht ist das „Moratorium" eine innovative Erweiterung zeitpolitischer Handlungsoptionen und insofern zu begrüßen. Darüber hinaus könnte sein Einsatz auch als Botschaft verstanden werden, nicht nur in beschleunigungsfähigen, sondern auch in abgebremsten Zeitformen Produktivkräfte wahrzunehmen. Der angesehene ehemalige Berliner Staatsmann Wilhelm von Humboldt hatte dafür sehr viel Sympathie: „Nicht bloß der einzelne Mensch in seinem Privatleben, auch die ganze Menschheit in ihrem weiten und verwickelten Lauf muss von Zeit zu Zeit still stehen, und sich orientieren."

PS: Um nicht allzu viele Illusionen aufkommen zu lassen: Nachhaltig war die „Eile-mit-Weile-Strategie" der politischen Klasse jedoch nicht. Kaum war das Moratorium abgelaufen, legte man in Berlin auch schon den Entwurf eines „Netzausbaubeschleunigungsgesetzes" vor.

Ich habe keine Eile. Wozu Eile? | Sonne und Mond haben keine Eile: Sie tun recht daran. | Wer Eile hat, glaubt, er kann seine Beine überholen | Oder mit einem Sprung über seinen Schatten springen. | Nein, ich habe keine Eile. | Wenn ich den Arm ausstrecke, reiche ich genau dahin, wohin mein Arm reicht – | Nicht einen Zentimeter weiter. | Ich gelange nur dahin, wohin ich gelange, und nicht, wohin ich denke. | Ich kann mich nur dahin setzen, wo ich bin. | Und das macht lachen, wie alle absolut wahren Wahrheiten. | So richtig aber lachen macht, dass wir immer an anderes denken | Und uns außerhalb unseres Körpers herumtreiben.

(Fernando Pessoa)

Leben ohne Zeitverlust

– Eine Gewinnwarnung –

Wo immer wir auch hinsehen, überall Dinge und Geräte, die uns den Alltag erleichtern und uns beim Zeitsparen zur Seite stehen. An vorderster Stelle stehen dabei der Computer, die Fernbedienung, der Teebeutel, der Reißverschluss, die Tütensuppe und die Postkarte. Sie haben eines gemeinsam: Allesamt sind sie Errungenschaften der Moderne, die uns im Zeitalter der Beschleunigung unterstützen sollen und wollen, noch mehr Zeit zu sparen. Trügerische Versprechen, eingelöst werden sie nicht. Ganz im Gegenteil, sie sorgen dafür, dass wir noch mehr eilen, noch mehr hetzen und noch häufiger klagen und jammern, wir hätten keine Zeit. Doch hätten wir mehr Zeit, dann hätten wir sie vielleicht auch, um wieder mal bei Goethe reinzuschauen, der uns, lange bevor wir es mit dem Zeitsparen so übertrieben wie heute, vor diesem Irrsinn bereits gewarnt hat: „Wir wollen alle Tage sparen, und brauchen alle Tage mehr."

Folgte man der inzwischen weitestgehend verloren gegangenen Tradition und verewigt Verstorbene auf ihrem Grabstein mit einem sie charakterisierenden Satz, so müsste dieser für die Mehrheit der derzeit noch lebenden Menschen lauten: „Er (Sie) hat viel Zeit gespart." Zeitsparen ist der Volkssport Nummer eins, verbreiteter als Jogging, Nordic Walking oder Fußballspielen. Gleich danach, bereits an zweiter Stelle, folgt die leidenschaftliche Suche nach der vermeintlich gewonnenen Zeit. Die aber ist nirgends zu finden. Die überwiegende Mehrheit der Zeitsparanstrengungen läuft ins Leere, denn Zeitsparen bedeutet ja nichts anderes, als die Gegenwart einer Zukunft, die nie wirklich kommt, zu opfern. Wer Zeit spart, spart keine Zeit, sondern am Dasein und dessen Erfahrungsmöglichkeiten. Die

Zeiten des Zeitsparens sind abstrakt und fiktiv, sind errechnete, an dem mathematischen Kontinuum des Zeitpfeils orientierte und keine erfahrbaren, lebendigen Zeiten. Jede Erwartung eines wie immer gearteten „return of investment" läuft daher im Falle des Zeitsparens ins Leere. Das Leben kennt weder einen zeitlichen Nachschlag noch kennt es das, was beim Fußballspiel „Nachspielzeit" („additional time") heißt. (Vgl. dazu das gesonderte Kapitel zur „Nachspielzeit".)

Alle noch so offensichtlichen Enttäuschungen, alle Hinweise, dass sich das Zeitsparen nicht auszahlt und dass die Gleichung „Mehr Zeitspargeräte = mehr Zeit" nicht aufgeht, sind bisher ohne Auswirkung geblieben. Aus dem Märchen vom Hasen und dem Igel wissen wir, dass diejenigen, die rasen, rasen und noch mehr rasen, schneller am Ende als am Ziel ankommen und die, die sitzen bleiben, die Sieger sind. Ganz Ähnliches lehrt uns das Märchen von den drei Wünschen. Allzu hektische Wunscherfüllung richtet einen so großen Schaden an, dass man den letzten Wunsch benötigt, um das Unglück wieder rückgängig zu machen. (Zu Details, Risiken und Nebenwirkungen fragen Sie die Brüder Grimm). Und wie oft stoßen wir in Alltag und Historie auf Geschichten, in denen die Hastigen, die Eiligen und die Schnellen ihre Hetze teuer bezahlen!

Aus der Geschichte haben wir, wie wir wissen, wenig gelernt. Und aus Geschichten noch weniger. Was haben wir aus dem tragischen Ende der ersten uns bekannten eiligen Nachrichtenübermittlung in der Zivilisationsgeschichte, geschehen zwischen Marathon und Athen, die bekanntlich mit dem schnellen Tod des tragischen Boten Pheidippes endete, gelernt? Nichts, gar nichts. Es hat uns weder abgeschreckt noch nachdenklicher gemacht. Lieber denken wir uns neue Märchen aus. Heutzutage sind das vor allem solche, die uns Freiheit und mehr Zeit durch Fortschritt, Wachstum, Konsum und Unterhaltung versprechen. Mit ihnen füttern und steigern wir die bereits überhöhte Schnelligkeit in unserem Leben und vermehren unseren Illusionsvorrat.

Resultieren die dafür maßgeblichen Antriebskräfte auch zuallererst von der „unsichtbaren Hand" der kapitalistischen Ökonomie und ihren sicht- und hörbaren Marketingabteilungen, so können sich doch viele Konsumenten, Nutzer und Kunden von einer Mitverantwortung nicht freisprechen. Die Entscheidung, das Alltagsleben bevorzugt mit Geräten, Instrumenten und Konsumgütern zu möblieren, die dem Kult der Beschleunigung huldigen, trifft das erwachsene Individuum schließlich selbst. Da ist es nur konsequent und sinnvoll, sich ein paar Gedanken darüber zu machen, was beim Erwerb, bei der Installation oder bei der Anwendung dieser Gerätschaften eigentlich wirklich zur Entscheidung ansteht und mit welchen Folgen und Nebenfolgen zu rechnen ist.

Kleine Helden der Alltagsbeschleunigung

Das Tempo des Lebens hat spürbar zugenommen und mit ihm die Hektik, die Zeitnot und der Stress: Vom Pferdewagen zur Rakete, vom Brief zur E-Mail, vom Menü zur Pizza, vom Knopf zum Ruck-Zuck-Verschluss. „Schneller, schneller, schneller", lautet die Maxime derer, die sich in unseren Tagen dem Prämiensystem des Erfolgs unterwerfen. Alles muss, so eine derzeit beliebte Wortblase der Dringlichkeitskultur, „zeitnah" gekauft, genutzt, entschieden und gemacht werden. „Lassen Sie weder Ihren Koffer noch Ihre Zeit unbeaufsichtigt herumstehen und informieren Sie unverzüglich das Sicherheitspersonal, falls Ihnen herrenlose Zeit- oder Gepäckteile auffallen." So oder so ähnlich schallt es ununterbrochen aus allen Lautsprechern, den äußeren als auch den inneren. Die Menschen, ganz besonders aber die gesättigten Bewohner der Nordhalbkugel, haben sich für dieses Leben im Tempodrom entschieden, ohne jemals eine wirkliche Entscheidungsmöglichkeit in dieser Hinsicht gehabt zu haben. Sie sind bereit, ihr Lebenstempo, ihre Hast, ihren Zeitdruck weiter zu steigern. In erster Linie dadurch, dass sie eine Fülle von Gerätschaften erwerben, die es ermöglichen, noch etwas schneller zu werden, als man es bereits ist. So richtig auf Betriebstemperatur wird die Tempodynamik vor allem durch jene Geräte, Instrumente und Apparate gebracht, die man glaubt besitzen zu müssen, um beim Rennen um die guten Plätze nicht abgehängt zu werden.

Der wohlhabende, das ist der börsennotierte Teil der zeitraffenden Welt, ist stolz auf seine Leuchttürme der Beschleunigung, die den Weg in die Tempogesellschaft hell erstrahlen lassen. In den Schulbüchern wird ihnen viel, mit Bildern ausgeschmückter Platz eingeräumt. Zu den prominentesten zählen die Eisenbahn, das Auto, das Flugzeug, das Telefon und neuerdings der Computer. Sie alle haben ihren Weg als Versprechen der Beschleunigung und der Zeitverdichtung begonnen. Der Umgang mit dem, was wir „Zeit" nennen – das unspektakuläre Leben in den Küchen, den Wohn- und Schlafzimmern, die routinierten Tätigkeiten im Büro, an der Werkbank, im Kaufhaus, in den Fabriken und den zu Erlebnis- und Wellness-Centern mutierten Freizeitarealen – wird zu einem erheblichen Teil vom Tempo vieler „kleiner Dinge" geprägt. Es handelt sich dabei meist um „Beiläufigkeiten", die zu Selbstverständlichkeiten wurden und die immer erst dann auffallen, wenn sie, aus welchen Gründen auch immer, nicht mehr funktionieren, nicht mehr vorhanden oder in Windeseile abrufbar sind. Diese kleinen Helden der Alltagsbeschleunigung treten gerne im Outfit transportabler Kleingeräte auf, sorgen mit ihren Vielfachfunktionen und ihrer Allzeit-Betriebsbereitschaft für die teils lästigen, teils erwünschten, aber immerzu stressintensiven An- und Aufregungen des Alltags. Von ihren Nutzern erwarten sie hohe Aufmerksamkeit und prompte Reaktionsbereitschaft. Einerseits entlasten sie, fordern aber gleichzeitig wieder zu neuer Aktivität auf. So machen sie die

Alltagshektik unsichtbar, indem sie sie zur Gewohnheit werden lassen. Sie sind es, die für die verbreitete Klage verantwortlich sind, dass uns die Zeit immerzu „davonläuft". Sie sind es, die ihr williges und freiwilliges Bedienungspersonal in die Zeitfalle des „immer schneller", des „immer mehr" und des „nie genug" locken. Dank eingebautem Wecker melden sie zwar, wann 20 Minuten verstrichen sind, sie sagen aber nicht, wann es reicht und genug ist. Kein Handgriff, den die kleinen Helden der Alltagsbeschleunigung nicht noch ein wenig schneller und verdichteter machen könnten. Nicht einmal die vielen vernarbten Wunden des Scheiterns und des Misslingens hindern die Nutzer daran, auf die unerfüllbaren Hochglanzversprechen des „Zeitgewinns" hereinzufallen. Man muss eben nur noch etwas mehr als zuvor aufpassen, dass bei all der Zeitverdichtung der Salat nicht in der Mikrowelle landet, der Kochlöffel nicht am Ohr und das Smartphone nicht zum Umrühren der Spaghettisauce seine Anwendung findet.

Wer wissen will, warum Eltern so häufig „Mach schnell!" zu ihren Kindern sagen, wer neugierig ist, warum die beliebteste Ausrede: „Tut mir leid, keine Zeit" lautet, ist gut beraten, zuerst die eher „beiläufigen Phänomene" der Beschleunigung in den Blick zu nehmen. Sie drängen ihrem Bedienungspersonal ihre hohen Prozessgeschwindigkeiten auf und zwingen es zu umfassender Beweglichkeit in rundum flexibilisierten Umgebungen. Dieses wiederum reagiert bereitwillig auf die apparativen Tempovorgaben. So hat sich in den letzten Jahrzehnten die Gehgeschwindigkeit der Menschen deutlich beschleunigt, gegessen wird schneller, gesprochen auch, und das Tempo beim An- und Auskleiden hat ebenso zugenommen. Das von den Geräten provozierte „Mach schnell!" beschleunigt das Lernen genauso wie das Lesen, das Sprechen und die Suche nach Informationen, die Angebote der Unterhaltung und sogar auch diejenigen der Entspannung. So nur ist zu erklären, dass man heute immer mehr auf Ruhebedürftige trifft, die dem Motto: „Man gebe mir Geduld – aber subito!“ folgend von einer Besinnung zur nächsten eilen.

Beschleuniger Nummer eins sind der Computer und dessen Abkömmlinge. Für das hohe Alltagstempo sorgen aber auch die Fernsteuerung, der Reißverschluss, der Suppenwürfel und andere Dinge mehr. Sogar der Kühlschrank und das Tempo-Taschentuch – das Eile im Namen trägt – haben einen nicht geringen Anteil an der viel beklagten gegenwärtig herrschenden Zeitnot. Die sich meist bescheiden und harmlos präsentierenden Beschleuniger des Alltags, die ihren Nutzern mehr Wahlfreiheit und mehr Zeitgewinne versprechen, werden als Königsweg zur großen Freiheit verkauft und führen doch oftmals in die Gegenrichtung. Sie forcieren eine tief greifende, meist nur selten bewusst wahrgenommene Veränderung der Lebensumstände, der Verhaltens- und der Wahrnehmungsqualitäten. Ob Mail-Kommunikation, Klettverschluss, Laptop oder andere „Zeitgewinnler“, alle tragen sie dazu bei, dem Schnellen, dem Eiligen, dem Flexiblen, die Aura des Selbstverständlichen, des Fortschrittlichen und des Erstrebenswerten zu verleihen. Das noch Schnellere, das noch Eiligere, das noch Rasantere wird so schließlich zum „Fortschritt“. Dieser Logik folgend, verwandelte sich der gemächliche Fahrstuhl zum fixen Aufzug und nur kurze Zeit später zum schnelleren Lift, um sich dann kurze Zeit später zum Expresslift zu beschleunigen. Schnell geht's voran – in der Waagrechten und auch in der Senkrechten. Doch wohin nur?

Ähnlich hat sich der Informationstransport vom Brief über die Postkarte zum E-Mail-Verkehr beschleunigt, der Rauchvorgang von der Pfeife über die Zigarre zur Zigarette, und das viktorianische Teestündchen ist mit dem Teebeutel schließlich zum Teeminütchen geschrumpft. Klett- und Reißverschlüsse machen das An- und Ausziehen inzwischen zu einem Ruck-zuck-Vorgang und durch den Gebrauch von Papiertüchern lässt sich die tägliche Hygiene ebenso in maximalem Tempo abwickeln.

Viele neue Zaubergeräte versprechen uns Zeitgewinne und Zeitersparnis durch ihre aufs Multitasking hin ausgerichteten Fähigkeiten. Sie vermitteln ihren Eignern und Nutzern das ihnen schmeichelnde Gefühl, vom Zugwind des Zeitgeistes, der sich mal „Multitasking" nennt, mal unter der Chiffre „Mehrprozessbetrieb" segelt, umweht zu werden. Der bereits vor dieser Zeit (1975) verstorbene sensible Beobachter Peter Bamm hat die sich am Horizont des rasenden Fortschritts abzeichnende Entwicklung und ihre Folgen bereits kommen sehen:

> *Früher rasierte man sich, wenn man Beethoven hören wollte, jetzt hört man Beethoven, wenn man sich rasieren will.*

Die Freiheit, Knecht sein zu dürfen

Annähernd alle Zeitsparversprechen tragen die Zeitnot in ihrem Rucksack. „Du darfst wählen, aber du zahlst dafür." (Aldous Huxley) So ist's. Was wird uns nicht alles versprochen: Freiheit, Glück und noch mehr Wohlstand, allesamt säkularisierte Mikroevangelien. Wir sollen, wir müssen nur zugreifen. Doch Vorsicht, Stolpergefahr! Was da so großsprecherisch als „neue Freiheit" grell und laut in Hochglanzbroschüren und Schaufenstern angeboten wird, ist ohne eine breite Schleppe von Zwängen, Einschränkungen und Pflichten nicht zu bekommen. Die Fackeln der Freiheit, von denen die Zeitspargeräte in den Auslagen und Prospekten hell angestrahlt werden, sind nur allzu rasch verglüht. Es bestätigt sich auch in diesem Falle wieder mal die Erfahrung, dass Freiheiten, die kampflos erworben, sprich, gekauft werden, wenig mehr als Zwänge in attraktiver Verkleidung sind. Untrügliches Anzeichen dafür ist der dringliche Wunsch, sich nach dem Kauf der apparativen Freiheits- und

Zeitsparversprechen baldmöglichst wieder von ihnen zu befreien.

Die „Nebenfolgen" lassen sich zum Zeitpunkt des Erwerbs neuer Geräte, Produkte und Techniken nicht im Detail vorhersagen. Wer hat schon damit gerechnet, dass mit der Elektrifizierung unserer Privatwohnungen die Geburtenrate sinken würde? Und kein Mensch hat erwartet, dass schriftliche Botschaften, die mit Lichtgeschwindigkeit beim Empfänger ankommen, bei allen daran Beteiligten den Zeitdruck erhöhen und nicht, wie versprochen, verringern würden. Wer hat so viel Müll erwartet, wie er uns tagtäglich auf elektronischem Weg ins Haus geliefert wird?

Die vielen vermeintlichen Lebensvereinfacher und Daseinsbeschleuniger im Kleinformat erfordern ungeahnten Aufwand, um sie (und ihre Ansprüche) sich wieder vom Hals zu schaffen. Dabei kommt es zu der Paradoxie, dass wir uns vor ihnen schützen, indem wir sie benutzen – etwa durch Anrufbeantworter, Mailboxen, Geheimnummern und persönlichen Codes aller Art.

Jenes Gerät, das wie kein anderes die Welt im Sauseschritt erobert und für sich eingenommen hat, das inzwischen zum Smartphone herausgeputzte Mobiltelefon, liefert reiches Anschauungsmaterial für die Tatsache, dass die Zeit, die man mit ihm gewinnt, sogleich wieder zerrinnt. Kein Gerät eignet sich besser, die Schleichwege der Dialektik von Zeitgewinn und Zeitverlust zu erfahren und zu erleiden. Fernando Pessoa hat sie in seinem Hauptwerk *Das Buch der Unruhe des Hilfsbuchhalters Bernardo Soares* bereits vor der Erfindung des ortsunabhängigen Funktelefons detailliert beschrieben:

> *Aus kleinen Missverständnissen gegenüber der Wirklichkeit erbauen wir Glaubensvorstellungen und Hoffnungen und leben von den Brotrinden, die wir Kuchen nennen, wie die armen Kinder, die glücklich sein spielen.*

Aber so ist das ganze Leben; so ist zumindest das besondere Lebenssystem, das man allgemein Zivilisation nennt. Die Zivilisation besteht darin, jedem Ding einen Namen zu geben, der ihm nicht zusteht, und anschließend über das Ergebnis nachzusinnen. Und tatsächlich schaffen der falsche Name und der wahre Traum eine neue Wirklichkeit. Der Gegenstand wird wirklich ein anderer, weil wir ihn zu einem anderen gemacht haben. Wir stellen Wirklichkeiten her.

In dieser schönen neuen Welt der Zeitverdichtung sorgt sich das Handy darum, was wir einkaufen, ob unsere Blutdruckwerte stimmen, wer unsere Freunde und Freundinnen sind, wo diese wohnen, es zahlt unsere Einkäufe, verführt uns zur Jagd nach Schnäppchen, informiert uns über die aktuellen Börsenkurse, leitet uns durch unbekannte Gegenden ferner Länder und macht noch ganz viel mehr und anderes. Nutzer von Smartphones stehen pausenlos unter Aktivitätsdruck, ununterbrochen sehen sie sich zu den seltsamsten Formen der Zeitverdichtungsakrobatik genötigt, bis sie schließlich irgendwann im Beschleunigungsgefängnis des „nie genug“ landen. Ein Schicksal, das sie erleiden, weil sie mit Blick auf die Uhr zwar immerzu wissen, wie viel Zeit sie brauchen, aber kein Gerät haben, das ihnen sagt, wann es genug, wann es zu viel oder zu wenig ist. Wer überall erreichbar sein will, wer sich immerzu auf dem Sprung befindet, „um schnell mal zu telefonieren“, setzt sich einem permanent hohen Aufmerksamkeits- und Stressniveau aus.

Als Aktivisten der schnurlosen „Freiheit“ rechnen die Mobilverbundenen allzeit damit, abrupt unterbrochen zu werden. Um nicht permanent zu aufwändiger Neuplanung gezwungen zu werden, verzichten sie auf möglichst viele langfristig verbindliche Festlegungen, auf stabile Beziehungen und verlässliche Freundschaften. Als allzeit bereite Dienstboten ihrer Geräte „schalten“ sie sich gemeinsam mit diesen auf den Stand-by-

Modus. Sie belasten ihren Energie- und ihren Zeithaushalt durch ein kontinuierliches Erreichbarkeitsmanagement. Sie verzichten auf die Freiheit, souverän über ihre Zeit entscheiden zu können, und ersetzen sie durch ein unterwürfiges Knechtschaftsverhältnis zu ihren mobilen Gerätschaften: stets zu Diensten. „Immerwährend betrügt die Kulturindustrie", so Adornos auch in diesem Fall zutreffende Analyse, „ihre Konsumenten um das, was sie immerwährend verspricht." Wie der Angler dem Wurm das für diesen nicht gut ausgehende Angebot macht, ihn zum Angeln zu begleiten, so überreden die diversen Zeitspargeräte ihre potenziellen Käufer zu dem nicht minder dubiosen Vorschlag, sich mit ihnen auf die Jagd nach mehr „Zeitgewinnen" zu machen.

Immer schon war der Großteil jener technischen Utopien der Moderne, die von einer Bevölkerungsmehrheit zu einem „Fortschritt" erklärt wurden, von der Verheißung eskortiert, endlich „Herr im Haus" werden zu können. 1930 noch hat der große Volkswirt John Maynard Keynes vorausgesagt, dass seine Enkel Probleme bekommen werden, mit ihrer vielen Freizeit etwas anzufangen, und prognostizierte nicht ohne Ironie: „Wir werden wieder singen lernen müssen." Nun, 80 Jahre später wissen wir, Keynes hat sich, zumindest mit dieser Vorhersage, gründlich getäuscht. Das Gegenteil ist eingetreten. Die Arbeit hat nicht abgenommen, insbesondere die unbezahlte Dienstleistungsarbeit. Die Zumutungen der Mobilität, der Flexibilität, der Beschleunigung und der Zeitverdichtung testen die Belastbarkeitsgrenzen der Subjekte und der sozialen Gemeinschaften heute in einem Umfang aus, wie das niemals zuvor in der Zivilisationsgeschichte der Fall war. Und was das Singen betrifft, so wird heute nicht mehr, sondern weniger gesungen. Allesamt wurden wir zu Knechten falscher Versprechen. Wir zappeln wie Marionetten an den Optionen der mannigfaltigen Geräte, Instrumente und Maschinen, die wir uns erwartungsfroh und gutgläubig zugelegt haben. Das Leben ist, wie jeder weiß, nicht einfacher, es ist komplizierter geworden, und Zeit wurde dabei auch nicht gespart, vielmehr ist die Zeitnot mit der Anzahl der Zeitspargeräte angewachsen.

Goethe bereits ahnte solche Ent-Täuschung: „Jede Idee verliert, wenn sie real wird, ihre Würde." Mit der technischen Ausstattung für die Allzeiterreichbarkeit ändern sich auch die Erwartungen der Nutzer. Für Mobilfunkbesitzer ist es selbstverständlich, jederzeit über möglichst alles informiert zu werden. Und zwar allein schon deshalb, weil die technische Ausstattung dafür vorhanden ist. Freigeschaltete Personen verlassen nur mit Schuldgefühlen ihre Wohnung, wenn sie nicht zuvor für eine Rufumleitung vom Festnetz aufs Handy gesorgt haben. Was einst als Freiheits- und Zeitsparwunsch begann, endet als erhöhte Selbstverpflichtung, verschärfter Fremdzwang und wachsende Selbstkontrolle. Der Preis reduziert sich nicht durch die Möglichkeiten, jetzt auch Kurznachrichten, Mails und Fernsehbilder aufs Display des Telefons zaubern zu können. Auch diese neue Eskalation der Multifunktionalität wird ihren Anfangszauber rasch wieder verlieren. Darauf folgt, wie immer, der Katzenjammer. Und wieder ist man dann gezwungen, sich und anderen zuzugestehen, dass man sich gutgläubig und naiv im Schleppnetz der Zeit verfangen und jetzt noch weniger Zeit hat.

Solche Täuschungen und Enttäuschungen kennt man auch aus anderen Zusammenhängen. Die hochbeschleunigten Automobile haben ihre Chauffeure zu neuen Orten auf ehemals unbekannten Wegen transportiert. Sie haben ihnen zu neuen Erlebnissen und Erfahrungen verholfen. Die Hoffnungen, dass dabei auch Zeit gespart werde, sie sind jenseits der Hochglanzbroschüren und Marketingversprechen nicht in Erfüllung gegangen. Die Suche nach der gewonnenen Zeit endet auch am Steuer des Autos, wie bei den schnurlosen technischen Dienstboten, zwangsläufig mit einer Enttäuschung. In erster Linie deshalb, weil die Zeitgewinne in den allermeisten Fällen dazu verwendet werden, zusätzliche Wege und noch weiter entfernte Orte anzusteuern.

Auch die vielen unterschiedlichen Fernsteuerungen, die fixen multifunktionalen Kochhilfen in der Küche, das Internet und andere zeitsparende „Annehmlichkeiten", alle versprechen sie ihrem Bedienungspersonal mehr Zeit- durch mehr Wahlfreiheit, tun dies jedoch um den oftmals teuer bezahlten Preis wachsender Abhängigkeiten.

Nur sehr wenige Zeitsparwillige entscheiden sich für den seit alters bekannten, heutzutage aber wenig frequentierten Königsweg der Freiheit, der schlicht: „Nein danke!" lautet. Er verspricht Gewinn durch Verzicht. Das schöne dabei ist, er löst dieses Versprechen in den allermeisten Fällen auch ein. Montaigne, der vor mehr als 400 Jahren bereits ähnliche Erfahrungen gemacht haben muss, war davon überzeugt:

Je mehr du dir versagst in deinem Leben
Je mehr wird von den Göttern dir gegeben.

Die Rechnung ist relativ simpel: Immer dort, wo die Zahl der Entscheidungs- und Wahlalternativen wächst, steigt auch der Aufwand an Zeit und Kraft für die Auswahl. Man braucht länger zum Sichten des unübersichtlichen Angebots, mehr Zeit zum Abwägen und Entscheiden und muss sich danach auch noch mit den unerwarteten Folgelasten beschäftigen. Das kostet Zeit, so viel Zeit, dass man die Wahlmöglichkeiten doch lieber begrenzt, weil es einfach zu anstrengend wird und der zusätzliche Nutzen die „immateriellen Kosten" nicht mehr aufwiegt. Bewiesen haben das die beiden US-amerikanischen Forscher Sheena Iyengar und Mark Lepper durch eine Feldstudie in einem Delikatessengeschäft, bei der sie die Kunden zwischen unterschiedlichen Marmeladesorten probieren ließen. In einer der beiden Versuchsanordnungen boten sie den Kunden 6, in der zweiten 24 unterschiedliche Sorten an. Bei der kleineren Auswahl nahmen 12 Prozent der Kunden ein Glas zur Kasse mit, bei der größeren nicht einmal 2 Prozent. Mehr ist also nicht besser, zumindest nicht immer und überall. Die Wahl ist eben auch eine Qual. Bei 6 Marmeladen muss man sich nur gegen 5 entscheiden, bei 24 jedoch gegen 23.

Dass Zeitspargeräte immer auch von neuen Pflichten und Sorgen begleitet werden, wird bei ihrem Erwerb nur allzu gerne übersehen. Sich dessen rechtzeitig bewusst zu werden, wäre eine empfehlenswerte Strategie, um die Blütenträume des Beschleunigungs- und Freiheitsfortschritts mit etwas mehr Realitätsbewusstsein auszustatten. Vieles von dem, was in der Hetze des grauen Alltags als „Fortschritt" wahrgenommen wird, entpuppt sich in den entlasteten und sonnigen Augenblicken des Lebens als erheblich weniger attraktiv und begehrenswert. Nicht nur Zigarettenschachteln, auch Verpackungen von Multifunktionsgeräten sollten mit deutlich lesbaren Warnungen beschriftet werden: „Dieses Gerät kann Ihnen wertvolle Lebenszeit stehlen!"

Der französische Gelehrte Michel Foucault zerstört all unsere Hoffnungen auf mehr Freiheit durch die Mittel des technischen Fortschritts:

> *Die Menschen träumen von Befreiungsmaschinen. Aber es kann per definitionem keine Freiheitsmaschinen geben [...]. Freiheit ist Praxis. Keine Funktionsweise ist an sich befreiend. Freiheit muss ausgeübt werden. Nur Freiheit garantiert Freiheit.*

Wird unser Leben nur mehr eine Zeitsparveranstaltung? Es sieht fast danach aus. Trotzdem wäre es fatal, wenn wir vergäßen, dass das Leben, ganz gleich wie man es lebt, stets eine Veranstaltung mit tödlichem Ausgang ist. Kein Zeitsparer, selbst der eifrigste, kann mit einem ans Leben dranzuhängenden Zeitbonus rechnen. Keine Erfolgsdividende weit und breit.

Zeitsparen ist und bleibt eine Illusion. Eine Illusion, die der moderne Mensch anscheinend nötig hat, um nicht an seiner Ohnmacht gegenüber dem Zeitlichen zugrunde zu gehen. Vergessen aber sollte man nicht: Die Zeit zu leben ist stets sinnvoller und zufriedenstellender als alles Zeitsparen.

Eine Provokation

Als im Sommer 1997 Einar Schleef in Düsseldorf Oscar Wildes *Salome* inszenierte, ging zu Beginn der Vorstellung, wie üblich, der Vorhang hoch, und in graublauem Licht standen die 18 Akteure zu einem Raumtableau arrangiert, ohne etwas zu sagen. Zehn Minuten lang. Es geschah nichts, gar nichts. Dann senkte sich der eiserne Vorhang wieder. Pause. Das Saallicht ging an, das Publikum erhob sich nach und nach leicht irritiert und strömte schnatternd und gestikulierend in die Foyers hinaus. Kaum nötig darauf hinzuweisen, dass diese Eröffnung zu einer Selbstinszenierung des Publikums geführt hatte. Die ersten Rufe ertönten schon nach einer knappen Minute. Unruhe, verlegen irritiertes Umherblicken, ironischer Beifall, Gelächter, Proteste, „Bitte-lauter!"-Rufe, Gegenproteste, missbilligende Kommentare. In Windeseile wurden aus dem üblicherweise passiv zuschauenden Publikum Darsteller, und der Zuschauerraum wurde zur Bühne. Der überraschend aufgezwungene Rollenwechsel vom Zuschauer zum Akteur führte zu massiver Verunsicherung.

Die Anforderung, der stumme Appell, in eine ungewohnte Zeiterfahrung eines Theaterabends einzutauchen, war für viele Zuschauer nur schwer zu ertragen. Das ungewohnte, eher seltene Angebot, ein großes Bühnenarrangement zehn Minuten lang wortlos zu betrachten, war für eine Mehrzahl der Theaterbesucher offenkundig unannehmbar. Jeder dritt- oder viertklassige Unterhaltungsschrott, vorausgesetzt er hätte die Zeiterwartungen des Publikums eingehalten, wäre anstandslos hingenommen worden, eine scheinbar leere Zeit hingegen nicht.

Das haben wir so gelernt. Das wurde uns so beigebracht. Tagsüber verplanen, organisieren, managen wir unentwegt die Zeit, und anschließend konsumieren und vertreiben wir sie.

Und ist es dann plötzlich mal anders, tritt die große Unsicherheit auf, fallen wir in ein Loch. Doch statt sich dort umzusehen, springt man auf und flieht in das nur bekannte und gewohnte Verhaltensmuster des hyperaktiven Zeitmanagers. Das demonstrative Angebot, über die eigenen Zeiterwartungen, die eingeschliffenen, andressierten Zeitverhaltsweisen nachzudenken, wird empört abgewehrt, als Zumutung zurückgewiesen. Sicherheit sucht man im Gewohnten, verlässt den Ort und mit ihm die Chance, zur Besinnung zu kommen.

Das wird noch ein Nachspiel haben! Kann man Zeit nachspielen?

Kann man Zeit nachspielen? Kann man, wie Väter oder Mütter, die ihre Jüngsten mit dem Fahrrad in die Kita bringen, es mit der Kinderkarre tun, Zeit einfach hinten dranhängen. Eine Frage, die sich beim Fußball für die aufmerksamen Fernsehzuschauer gleichermaßen stellt wie für Stadionbesucher. Spätestens in dem Augenblick, in dem gegen Ende des Spiels eine bis dahin nicht in Erscheinung getretene Person an der Seitenlinie auftaucht und eine Tafel hochhält, auf der in Leuchtschrift ein Zahl zwischen 1 und 5 erscheint. Sie signalisiert dem Schiedsrichter und den Spielern beider Mannschaften, dass sie ihr Spiel um die angezeigten Minuten zu verlängern haben. Sekunden später erscheint dann auf allen Fernsehschirmen der Welt in der unteren linken Ecke die gleiche Zahl wie auf der Leuchttafel, ergänzt durch den Kurzkommentar: „additional time". Deutsche Kommentatoren übersetzen das gewöhnlich mit „Nachspielzeit". Zeitkritische Zuschauer provoziert das zu der Frage: Kann man Zeit wirklich nachspielen? Eine Frage, die es in sich hat, sieht sie doch schlichter aus, als sie ist. Sie ist nicht ohne Untiefen, denn sie tangiert die Grundfesten unseres irdischen Daseins.

Zurück zur Ausgangsposition. Ein Fußballspiel dauert bekanntlich 105 Minuten, bestehend aus 90 Minuten Spielzeit und einer Viertelstunde Halbzeitpause. Das war zumindest einmal so. Neuerdings dauert ein Fußballspiel länger, einschließlich Halbzeitpause zwischen 106 und 110 Minuten. Hinzugekommen ist eine weitere Zeit, die so genannte „additional time", deutsch die „Nachspielzeit". Nicht mehr nur aus zwei, sondern aus drei unterschiedlichen Zeiten besteht damit heutzutage ein Fußballmatch.

Was Spielzeit ist, wissen wir, und was in einer Halbzeitpause geschieht auch. Wer aber weiß, was „Nachspielzeit" ist, und wer kann einem sagen, was da eigentlich nachgespielt wird, wenn Zeit nachgespielt wird? Wir stehen vor einem doppelten Rätsel. Zum einen: Lässt sich Zeit überhaupt nachspielen? Zum zweiten: Falls man denn Zeit wirklich nachspielen kann, stellt sich die Frage, was für eine Zeit da eigentlich nachgespielt wird. Antworten sind allein schon deshalb dringend, da die Fragestellungen weit über das Ereignis, das sie auslöst, hinausreichen. Sie sind nämlich von existenzieller Ernsthaftigkeit. Ließe sich Zeit wirklich nachspielen, dann läge es nahe, sie nicht nur ans Fußballspiel, sondern auch ans Leben dranzuhängen; dann dürften wir eventuell auf eine Art „additional life" hoffen.

Leider verweigern uns die Fernsehkommentatoren diesbezüglich jede Auskunft, sie lassen uns mit den Fragen allein, sagen nicht, was nachgespielt wird, wenn sie behaupten, Zeit würde nachgespielt. Auskunftsfreudiger hingegen ist die – zugegebenermaßen zuweilen sehr – „freie Enzyklopädie Wikipedia". Unter dem Stichwort „Nachspielzeit" ist dort Folgendes zu lesen: „Nachspielzeit ist die Verlängerung des Fußballspiels über die reguläre Spielzeit hinaus, um während des Spielabschnitts aufgetretene Zeitverluste durch Verletzungen, witterungsbedingte Unterbrechungen oder unzulässige Verzögerungen auszugleichen." Na ja, das ist doch schon mal was. Jetzt wissen wir zumindest, was da nachgespielt wird, wenn Zeit nachgespielt wird, es ist die während der Spielzeit verlorene und vergeudete Zeit.

Was aber muss man sich unter „verlorener" und „vergeudeter" Zeit vorstellen? Gemeint sind anscheinend die kleinen inoffiziellen Pausen und Unterbrechungen, die aus Verletzungsgründen oder aus anderen, nicht immer leicht einsehbaren Motiven gemacht werden. Das aber heißt doch: Nicht Zeit wird nachgespielt, sondern Pausen und Unterbrechungen werden nachgespielt, oder das, was der am Ende des Spiels auftauchende Herr mit der Leuchttafel für „vergeudete“ Zeit hält. Bis vor nicht allzu langer Zeit war das, was heutzutage nachgespielt wird, ein akzeptierter Teil des Spiels. Neuerdings hingegen ist es eine Störung des Spiels und wird daher, wie Störungen in der Schule, durch „Nachsitzen“ bestraft. Doch Vorsicht! Wo führt das hin, was sind die Folgen? Die kurze Antwort: Die Pausenlosigkeit wird zum Ideal – nicht nur auf dem Spielfeld, sondern generell im Leben. Allen Pausen, allen Unterbrechungen, wie notwendig und berechtigt sie auch sein mögen, wird das Etikett angeheftet, „vergeudete“ Zeit zu sein, und alle, die sie in Anspruch nehmen, müssen mit dem Makel leben, als „Zeitvergeuder“ abgestempelt zu werden. Die Golfer haben ihre Lektion inzwischen gelernt. Zeitüberschreitungen – kann man Zeit überschreiten? – werden selbst im Training gnadenlos mit Geldstrafen, denn Zeit ist neuerdings auch im Spiel Geld, geahndet. Das Leben wird zu einer Veranstaltung der Pausenlosigkeit. Es erschöpft sich gemeinsam mit den Menschen in umtriebiger Geschäftigkeit.

Nun gut, zumindest wissen wir jetzt, welche Zeit in dem, was man „additional time“ nennt, nachgespielt wird. Nicht beantwortet hingegen ist die grundsätzlichere Frage, ob man Zeit „hinten dranhängen“ kann. Zumal man das Pendant, das Vorspielen von Zeit – wie immer man sich das auch vorstellen könnte, zum Beispiel durch schnelleres Spielen – bisher noch nicht kennt. Eigentlich schade, wissen wir doch aus eigener Erfahrung und anderen Zusammenhängen, dass das Vorspiel in den allermeisten Fällen erheblich attraktiver als das Nachspiel ist. Nein, Zeit lässt sich nicht, kann man nicht nachspielen. Wir sitzen, wenn wir meinen, es tun zu können, einer Illusion auf. Zugegebenermaßen ist es eine schöne Illusion für uns sterbliche Wesen, mit einem zeitlichen Nachschlag kalkulieren zu können. Was soll’s?! Pflegen wir ruhig diese Illusion, denn ohne sie fahren wir auch in den Zielhafen Ewigkeit ein, nicht früher und nicht später. Schauen wir uns also weiterhin Fußballspiele an und genießen wir die uns im Leben außerhalb des Stadions verweigerte Nachspielzeit.

Warum Zeitmanagement nicht funktioniert

Zeitmanagement boomt. Seminare werden besucht, Ratgeber gekauft, Kalender mit Zeitplaner auch. Alles muss noch ein bisschen schneller gehen. Alles effizienter organisiert werden. Rund um die Uhr. Aber was bringt's? Vieles, aber nicht mehr Zeit.

Der Weg von der Zeitnot zum Zeitwohlstand endet häufig im Graben. Das tut er nicht zuletzt, weil er fast immer über eine Kriegs- und keine Liebeserklärung an die Zeit führt. Allererstes Ziel dieses Arsenals an Waffen, das da gegen das Lebenselixier Zeit in Stellung gebracht wird, ist, das lässt sich in einschlägigen Ratgebern nachlesen, die Zeit „zu beherrschen anstatt sich von ihr beherrschen zu lassen". Angetrieben wird die Fehde mit einer rhetorischen Begleitmusik, die dazu aufruft, die an jeder Ecke lauernden „Zeitfresser" und die nimmersatten „Zeitdiebe" zu identifizieren, sie umgehend zu eliminieren und dabei den nicht minder bedrohlichen „Zeitfallen" geschickt auszuweichen. Einziehen ins gelobte Land der besseren Zeiten dürfen dann all die, die willens und im Stande sind, ihren „inneren Schweinehund" im Ausbildungscamp des Zeitmanagements zum zeittreuen Wachhund umzuschulen.

Drollig, aber umsonst. Zeit lässt sich nicht im Blitzkriegtempo vom einen auf den nächsten Tag erobern. Auch beherrschen lässt sie sich nicht, und besiegt hat sie sowieso noch niemand. Weder die trivialen Ratschläge noch die vielen Listen und Schemata, die der notorisch unordentlichen Zeit Ordnung beibringen sollen, bestehen den Praxistest. Ihr Scheitern enthüllt sie zu dem, was sie sind: untaugliche Ramschware aus dem Hochstapellager der Schnellbeglückungspsychologie.

Nicht die Zeit ist es, die beim Zeitmanagement in den Griff genommen wird: Man ist es selbst. Die Tipps der Zeitmanager sind Wegweiser, die von einem zufrieden machenden Zeitleben weg und zu einer Maximierung der Zeitverwaltung hin führen. Die konfektionierten Angebote für die Eiligen und Gehetzten laufen nicht auf weniger, sondern auf mehr Zeitdruck hinaus. Das Zeitmanagement macht seine Klienten zu Gefangenen ihres Drangs, jede Minute zweckdienlich auszunutzen. Es ist aber gerade die Verwirklichung dieses Wunsches, die die Gehetzten und Getriebenen daran hindert, mit der Zeit in Frieden zu leben und die Zeiten zu bekommen, die sie sich wünschen. Zeitmanagement zielt auf rigide Selbstbeherrschung und macht die Zeitratsuchenden zu Buchhaltern der Zeit. Es ist nicht die große Zeitfreiheit, in die die Ratschläge und Hinweise derjenigen führen, die auftreten, als wüssten sie wie man es richtig macht. Im Gegenteil es ist die Tyrannis des Zeit-Bewirtschaftungsprinzips und die des Terminkalenders bei denen man schließlich landet. Mit Tipps kommt man dem Lebenselixier „Zeit" nicht näher, nur durch Erfahrung einschließlich ihrer Be- und Verarbeitung. Genug Zeit wird man erst haben, wenn man sie nicht managt, da die Zeit nicht in erster Linie zur Selbstoptimierung da ist. Das Zeitmanagement lebt von seinen Versprechen, nicht jedoch von deren Einlösung.

Wer Zeit spart, der spart am Leben. Zeitsparen heißt ja, auf das Erleben der Gegenwart, auf den Augenblick, zugunsten einer unbekannten, unsicheren und unkalkulierbaren Zukunft zu verzichten. Leben findet aber nicht in der Zukunft, sondern in der Gegenwart statt. „Die Zeit", so Martin Heidegger, „ist die Abfolge des Jetzt." So wie es keinem Menschen gelingt, das Heute aufs Morgen zu verschieben, so wenig lässt sich das Morgen bereits heute leben. Zeit ist weder Speichermedium noch gibt es einen Nachtragshaushalt für Zeit.

Zeit hat man nicht, Zeit ist man. All das, was man der Zeit antut, tut man sich selber an. Man schimpft auf die Zeit, hat das Problem aber selbst. Es sind nicht die Zeiten, die gut oder schlecht sind, es sind die Menschen, die das sind. Wo Zeit gespart, gewonnen, organisiert und gemanagt wird, geht's immer nur um eine bestimmte Zeit, um Zeitquantitäten, die Zeitqualität hingegen wird ignoriert. Die quantitative, inhaltsleere, zählbare Zeit ist, und das hat viele Vorteile, berechenbar und kalkulierbar, aber nichts weiter als das Produkt eines Messgerätes (Uhr) bzw. eines nach den formalen Kriterien der Bürokratie gestalteten Ordnungssystems (Kalender).

Wer über Zeitdruck, Zeitprobleme und Zeitnöte klagt, bedauert in Wahrheit Symptome unbefriedigender Zeiterfahrungen und unzulänglicher Zeiterlebnisse. Daher lassen sich Zeitnöte auch nicht durch ein „mehr" an Zeit, sondern nur durch alternative, zufriedenstellendere Zeiterfahrungen verringern. Die Uhrzeit als Maßstab und Bezugsgröße ist dazu völlig ungeeignet. Sie standardisiert die Subjekte und verweigert ihnen Zeitsouveränität und Zeitzufriedenheit. Die Pluralität der Zeit, die Vielfalt der Zeiterfahrungen und des Zeiterlebens ignoriert die Uhr. Uhrzeit ist tote Zeit, als Richtschnur der Lebensgestaltung ist sie daher ungeeignet. Die erlebte, die erfahrene Zeit folgt nicht einem chronologischen Zeitablauf. Sie entspricht eher der Unordnung eines unaufgeräumten Zimmers, das sich nur auf krummen Wegen, mit kleinen Sprüngen und einigen Stolperern durchqueren lässt.

Gewiss, jedes menschliche Handeln ist an biologische Maßverhältnisse gebunden und daher nur eingeschränkt subjektiver Verfügungsgewalt zugänglich. Kein Lebewesen kann sich von den Zeitmustern und Zeitimpulsen abkoppeln, die aus ihm selber kommen. So wenig wie die Geschichte gänzlich offen für jegliche Gestaltungsoption ist, so wenig ist das auch der individuelle Lebenslauf. Beide sind an die Zeitmuster der Natur gebunden.

Gebunden sind Menschen auch an die Vorgaben und Zeitansprüche des sozialen und organisationalen Umfeldes. Der Mensch ist ein Sozialwesen, ein Lebewesen, das auf Gemeinschaft hin angelegt ist und sich in seinem Sosein und Dasein als Gemeinschaftswesen konstituiert. Gemeinschaften, Familien, Unternehmen, Vereine aber existieren und gedeihen nur unter gewissen zeitlichen Bedingungen. Diese heißt es zur Kenntnis zu nehmen und im Hinblick auf eine zu erzielende Zeitbalance zu berücksichtigen.

Zum Dritten ist auf jene Zeiten Rücksicht zu nehmen, die die Aufgaben, die es zu bearbeiten oder zu lösen gilt, erforderlich machen. Kein Pianist kann es sich leisten, die in der Partitur aufgeführten Angaben zu den Tempi zu ignorieren. Was auch immer man plant – einen Arbeitsablauf, eine Ferienreise, ein Abendessen: Es braucht dazu eine Vorstellung der Dauer und der zeitlichen Schritte, die zur Lösung sinnvoll und unabdingbar sind.

Bei der Synchronisation dieser drei Zeitsysteme geht es weder darum, mehr aus der Zeit herauszuholen als in ihr drin ist, noch darum, wie bei den Zeitmanagement-Apologeten, einen „falschen“ durch einen „richtigen“ Umgang mit Zeit zu ersetzen. Ziel der Zeitberatung ist die Herstellung einer situationsangemessenen Balance der jeweils vorhandenen Zeitansprüche. Das ist eine höchst anspruchsvolle und schwer zu bewältigende Herausforderung, bei der es von dem Anspruch Abschied zu nehmen gilt, „Herr über die Zeit“ werden zu können. Denn wir finden die Zeit vor und stellen sie nicht her. Die Zeitfreiheit des Menschen besteht darin, sein Zeithandeln mit den real existierenden Zeitrealitäten und Zeitansprüchen in eine zumindest vorläufige Übereinstimmung zu bringen. Mehr anzukündigen wäre unglaubwürdig und wenig solide. Denn immer dann, wenn's im Leben um Zeit und den Umgang mit ihr geht, kann man letztlich nur scheitern. Mehr als die Aussicht, beim nächsten Mal besser zu scheitern, kann man, vorausgesetzt man bleibt realistisch, mit oder ohne Zeitberatung nicht erwarten.

Im Umgang mit der Zeit ist man stets zugleich Täter und Opfer, ist man mal Herr, häufig aber auch Knecht. Kurzum, das Weitestgehende, was man im Hinblick auf das Verhältnis zum Phänomen Zeit und den Umgang mit ihr sich erhoffen und erwünschen kann, ist eine souveräne Form der Abhängigkeit. Wir können uns noch so viel anstrengen, noch so viel strampeln und mit der Zeit noch so viel ringen und kämpfen, die Ketten, mit denen wir an sie gebunden sind, werden wir nicht los. Wir können sie jedoch zum Klingen bringen.

Time is an Ocean but ends at the shore
(Bob Dylan)

„Die Kunst der Abdankung"

Über das Gehen, das Beenden und das Loslassen

Wir kennen alle die teils komisch, teils tragisch anzusehenden Attitüden jener mächtigen Personen (meist sind es Männer), die sich, nachdem sie ihre Einflussmöglichkeiten verloren haben, nur noch durch Ersatzhandlungen am Leben halten. „Ich gehe nicht leichten Herzens", hat der 87-jährige erste Kanzler der Bundesrepublik Deutschland einem Journalisten bei seinem Abschied gesagt (und es ist anzunehmen, dass das eine für die Öffentlichkeit bestimmte Untertreibung war). Es ist bekannt, dass Adenauer den Abschied vom Amt, den Entzug von Macht und Einfluss, nie wirklich überwunden hat. Er ist ein Beispiel für viele – auch für erheblich jüngere, die nach einem Ende (zum Beispiel ihres Arbeitslebens) nichts Neues mehr anfangen können, die das Leben – und das heißt: sich selbst – nicht mehr aushalten.

Verbreiteter als Politikerabschiede sind die vielen nicht ganz so öffentlichkeitswirksamen Fälle, wo Erzieher nicht aufhören können zu erziehen, wo Lehrer nicht vom Lehren, Professoren nicht das Dozieren und Trainer nicht das Trainieren lassen können. Noch häufiger begegnet man Menschen, die permanent weiter lernen müssen, immer erzogen sein wollen, oder ihre soziale Umwelt mit besserwisserischen Erziehungsparolen belästigen. Die Psychoanalyse spricht in diesem Zusammenhang vom „Objektverlust" und macht damit auf den Sachverhalt aufmerksam, dass die Trennung von Bindungen (Beziehungen) verunsichernde Folgen für die Funktion und die Dynamik des Ich und der zwischenmenschlichen Kontakte hat.

Das kennen wir auch aus anderen Situationen. Mediziner und Psychologen sprechen von Verlustdepressionen, zu denen

Umzugsdepressionen, Entwurzelungsdepressionen, ja sogar Beförderungsdepressionen bei beruflichem Aufstieg gehören.

Mit dem Ende von sozialen Prozessen ist immer auch die Lösung von An-Bindungen verknüpft. Das hat zur Folge, dass die durch Bindungen entwickelten Orientierungs- und Ordnungsmuster für die betroffenen Individuen gefährdet sind. Individuell unterschiedlich und verschieden stark reagieren die Betroffenen auf diesen Milieuverlust; so zum Beispiel mit Kummer, Angst, Protest. Generell: mit Abwehr.

Trauer

Wir nennen diese Reaktion auf Verlust in Trennungssituationen üblicherweise Trauer. Die Trauer ist die unverzichtbare Bedingung fürs Loslassen-Können, und sie ist auch die notwendige Bedingung für einen neuen Anfang. Sie ist **das** Medium, mit dem sich die Realität der Trennung produktiv bewältigen lässt. Wer nicht fertig macht, macht sich fertig. Paul Valéry sprach in diesem Zusammenhang von Leuten, die bei einem Unfall sterben, weil sie ihren Regenschirm nicht loslassen können. Jede Beendigung einer Beziehung verursacht Störungen im Affekthaushalt der beteiligten Personen. Die Intensität dieser Störungen ist von der Tiefe der Beziehungen abhängig. Sigmund Freud schreibt von der Notwendigkeit der Umstrukturierung der Libidoorganisation bei Objektverlusten (die in vielen Fällen Subjektverluste sind). In seinem grundlegenden Aufsatz *Trauer und Melancholie* beschreibt er die psychische Arbeit der Umorganisation:

„Die Realitätsprüfung hat gezeigt, dass das geliebte Objekt nicht mehr besteht, und erlässt nun die Aufforderung, alle Libido aus ihren Verknüpfungen mit diesem Objekt abzuziehen. Dagegen erhebt sich ein begreifliches Sträuben – es ist allgemein zu beobachten, dass der Mensch eine Libido-Position nicht gern verlässt, selbst dann nicht, wenn ihm der Ersatz bereits winkt."

Freuds Formulierungen legen die Assoziation nahe, es handle sich bei der Umorganisation um eine gefühlsdistanzierte, kaufmännische Transaktion. In Wirklichkeit ist dieser Prozess ein emotional stark belastender und manchmal dramatisch verlaufender Vorgang. Trauer ist das „Verschmerzen eines Verlustes". Man muss – und dies ist der produktive Sinn von Trauer – mit dem, was verloren wird und verloren wurde, „fertig werden". Als „Trauerarbeit" hat Freud eine solche häufig sehr anstrengende Leistung beschrieben. Deren Ziel ist es, dass die Trauernden „nach Vollendung der Trauerarbeit wieder frei und ungehemmt" sind, dass sie die Realität, so wie sie sich darstellt, wahrnehmen und anerkennen, und dass sie wieder in der Lage sind, neue Beziehungen einzugehen und nicht die alten in den neuen suchen.

Werden die Abschiede, die Trennungen, die Verluste nicht „verschmerzt", bleibt dieser Schmerz eingedickt zurück und verstellt als seelischer Pfropfen den Zugang zu einer anderen Realität mit neuen Möglichkeiten. Das Zulassen-Können von Trauer, das „Traurig-sein-Dürfen" ist eine notwendige und sinnvolle Voraussetzung für die produktive Verarbeitung von Schlusssituationen. Untersuchungen übers Nicht-traurig-sein-Können und Nicht-traurig-sein-Dürfen zeigen, dass es häufig Depressionen und andere psychische Störungen sind, die als Folgen verhinderter Trauer bei den betroffenen Individuen auftreten. So rächen sich schließlich jene Gefühle, die verboten wurden und die man sich selbst verbietet. Die Realität und deren Wahrnehmung bleibt nach „hinten" gerichtet, die notwendige Ablösung misslingt, das Subjekt bleibt in sich selbst, in seiner Phantasie, in seinen Wünschen gefangen und verfangen.

Zeremonien des Abschieds

Dass Schlusssituationen mit ihren Trennungen, Abschieden, Ablösungen und Abbrüchen problembelastet sind, liegt nicht zuletzt an den gesellschaftlich heute nicht mehr bereitgestellten sozial abgesicherten Räumen, die für eine „Zeremonie des Abschiedes“ (Simone de Beauvoir) notwendig wären. Traurig ist es, zu sehen, wie wir trauern, oder deutlicher: wie wir es nicht mehr können, das Trauern. Eine differenzierte, ehemals in den Lebensrhythmus integrierte Trauerkultur gibt es nur noch rudimentär. Die Mittel der Tröstung sind mit zunehmender Unfähigkeit, traurig zu sein und traurig sein zu dürfen, abhanden gekommen. Wir erschrecken über weinende Menschen. Sehen wir sie in der Öffentlichkeit, gehen wir ihnen aus dem Wege. Der große Bogen um die Trauer ist uns zur Routine geworden. Selbst hilflos, sind wir zur Hilfe kaum mehr fähig. Profitorientierte Unternehmen müssen die notwendigen Ersatzleistungen für das übernehmen, was ehemals Individuen und intakte soziale Gemeinschaften leisten konnten: Trauerhilfe nämlich. Unsere Enden – und das der anderen – verdrängen wir aus dem Leben. Wir begreifen das Schlussmachen nicht als einen Teil des Lebens. Der Schluss ist für eine Gesellschaft, die das Vorwärtsschreiten zu einem Fetisch macht – und dabei schon lange nicht mehr schreitet, sondern rast – etwas Lästiges, Unangenehmes, Unbedeutendes. Als Kinogänger erlebt man es sinnlich: Die Eingänge unserer Lichtspieltheater sind pompös ausgestattet, der Ausgang erfolgt über die Hintertreppe. Die Welt des Wachstumsfetischismus, des Dauerinnovationsdrucks, der Hochgeschwindigkeitsbeschleunigung, die des porenlosen Fortschreitens das schon längst zum Fortrennen wurde, kennt kein Innehalten mehr. Altes wird nahtlos durch Neues ersetzt, das Leben muss ohne Dehnungsfugen auskommen. Wer innehält, verpasst den Zug der Zeit. Auch das lässt sich täglich erleben.

Mobilität und Flexibilität, die kategorischen Imperative der Erfolgreichen, verflüssigen das Anfangen und das Abschließen. Diese werden über-flüssig. Es ist die Zeit der großen „End-Ausscheidung“. Wir haben zwar alle immerzu Termine, aber wir nehmen sie nicht wirklich ernst: „Terminare" heißt nämlich beenden, abschließen, abgrenzen. Genau dies tun wir **nicht** mit unseren Terminen. Indem wir einen an den anderen hängen, verlieren wir die Abschlüsse. Nichts darf mehr altern, keine Gebäude, keine Bücher, keine Menschen. Was alt ist, wird verramscht. Wir überholen dauernd. Alles wird renoviert. Novitäten dominieren den Markt, und die Kosmetikindustrie und die Schönheitschirurgie bemühen sich in eigenem Interesse um die Verjüngung alles nicht jung Aussehenden. Vor lauter Geschäftigkeit fehlt uns die Zeit zum Abschiednehmen, zum Erinnern-Können. Tagtäglich werden wir gezwungen, Trennungsenergien zu aktivieren, aber zu mehr als zum Sortieren des Mülls scheint sie nicht zu reichen.

Die neuen Technologien und ihr Funktionsprinzip des Nonstop verhindern und verunmöglichen in wachsendem Ausmaß die Erfahrungen von Dauer. Ohne Dauer aber gibt es keinen Anfang und kein Ende mehr, es bleibt nur mehr das Ab- und Einschalten, das Aus- und Einsteigen, oder – wie beim Umgang mit den neuen Informationstechnologien üblich – ersetzt das Löschen das aktive Vergessen durch Schlussrituale. Wir verlieren dabei jene Distanz zu uns und unserer Umwelt, die sich beim bewussten Beginnen und Beenden ihren Ausdruck verschafft. Wir verlieren jenen langen Blick auf die Dinge und die Entwicklungen, der nach dem Anfang auch das Ende mitbekommt.

Nie mehr „game over"

Die Kultur der Endlichkeit geht ihrem Ende entgegen. Die Pausenlosigkeit wurde zum Ideal, das „Nonstop" zum Merkmal der verschärften Moderne. Wir kultivieren die Illusionen eines end-losen Fortgangs unseres Lebens und setzen hierdurch einen geschäftlich profitablen neuen Glauben an die Stelle eines verloren gegangenen alten (den ans Ewige Leben nach dem Tod).

Der Verlust ist offensichtlich. Der „alte“ Glaube hielt für die Anfänge und die Abschiede eine große Zahl individueller und sozialer Verarbeitungsmöglichkeiten bereit, die Freude, Trauer und Trost zuließen und förderten. Die affektive Besiedlung der Zeiträume des Übergangs gelingt jedoch in einer zunehmend individualistischen Gesellschaft immer weniger: Dort wird abgehakt und mit einer Inbrunst aufs Tempo gedrückt, dass der Eindruck aufkommen kann, die gemeinsame Flucht vor dem Ende, dem Tod, sei der letzte Kitt, der die Menschen noch zusammenhält. Un-Schlüssigkeit ist das Programm. „Ich muss jetzt Schluss machen“, so die vorgetäuschte Pflicht, die doch nur die Unfähigkeit verdecken soll, ein Gespräch sinnvoll beenden zu können. „Game over“ heißt die Botschaft, die in postmoderner Umgebung den Abschied ersetzt.

Hugo von Hoffmannsthal hat eindringlich daran erinnert: „Die Kunst zu enden – wer das kann, kann alles.“ Wie aber könnte diese Kunst aussehen? Wenn wir nicht immer nur nach vorne blicken würden, bräuchten wir sie nicht neu zu entdecken, wir könnten sie in unserer Geschichte finden.

Die Kunst der Abdankung

Für eine gelungene Kunst der Abdankung existieren nur wenige Vorbilder. In der Geschichte der Bundesrepublik Deutschland gab es keinen Kanzler, der freiwillig gegangen wäre. Abschiede von Mächtigen kennen wir heute fast nur im Zusammenhang mit Niederlagen. Das macht sie nicht gerade attraktiv. Deshalb auch wird das, was den Wortsinn des Begriffs „Abdanken“ ausmacht, das Danksagen für geleistete Dienste, selten oder gar nicht inszeniert. Vielleicht weil Abdankung immer auch Verzicht ist, Verzicht auf Macht, Einfluss und formal abgesicherte Vorteile und vielfach auch Verzicht auf Geld und Güter. Die Tugend des Verzichtes, die weltliche Form der Askese, irritiert und konfrontiert eine Gesellschaft die das goldene Kalb des

Geld- und Güterwachstums zum Gegenstand der Anbetung macht. Doch, so Goethe in seinem Wilhelm Meister, „man verliert nicht immer, wenn man entbehrt".

Die Kunst der Abdankung, die Kunst des Loslassens hat, immer wieder muss man es bedauern, kaum Vorbilder. Jene aber, denen es dann doch gelang, wirklich loszulassen und die das als einen Akt der Befreiung kommuniziert haben, diejenigen hat man ihrer möglichen Nachahmer- und Vorbildwirkung durch die Strategie der Erhöhung beraubt. Man hat sie flugs zu Quasi-Heiligen, zu legendären Figuren erhoben. Wäre da noch Platz im überfüllten christlich-katholischen Heiligenkalender, dann hätte man für Karl V., die Galionsfigur aller Abdanker, dort sicherlich noch einen Tag gefunden. Dass er sich nach seiner Abdankung zwar nicht in ein Kloster, wie vielfach überliefert, doch zumindest in ein Schloss am Rand eines Klosters zurückzog, macht die These einer Platzierung im Kalender der Heiligen noch etwas wahrscheinlicher. Dass es Karl V. ist, der stets als Erster genannt wird, wenn es ums Abdanken geht, entbehrt nicht einer gewissen Ironie. Er nämlich war es, der mit seinem Wahlspruch „plus ultra" („darüber hinaus") als herrschaftlicher Erfinder des Fortschrittshandelns gelten kann. Also jenem Denken und Tun, dem wir es zu „verdanken" haben, dass wir uns heute so schwer mit Abschieden tun.

Ich empfehle, wenn's um das Schlussmachen, das Abdanken geht, sich nicht unbedingt die demonstrativen Handlungen Karls zum Vorbild zu nehmen. Ich empfehle, und das empfehle ich auch mir, eher das Beispiel Fernando Pessoas, des großen portugiesischen Schriftstellers. Er hat sein ganzes Leben der Kunst der Abdankung gewidmet. Sein Hauptwerk, das Buch der Unruhe, eignet sich vortrefflich für all jene, die in die Phase des sogenannten Ruhestandes einzutreten vorhaben, bzw. gezwungen werden, sich dorthin zu begeben. Der 1888 geborene Pessoa hat während seines ganzen Schriftstellerlebens fast nichts veröffentlicht. Sein schmales Einkommen verschaffte er sich durch die untergeordnete Position eines Handelskorrespondenten. 27 000 Manuskriptseiten umfasste sein Nachlass. Darunter auch ein Text zur Ästhetik der Abdankung.

> *Sich abfinden heißt sich unterwerfen, und siegen heißt sich abfinden, besiegt werden. Deshalb ist jeder Sieg eine Grobheit. Die Sieger verlieren immer alle Eigenschaften der Unzufriedenheit mit der Gegenwart, die sie zu dem Kampf antrieben, der ihnen den Sieg verschaffte. Sie sind zufriedengestellt, und zufriedengestellt kann nur derjenige sein, der sich abfindet, der nicht die Mentalität des Siegers hat. Es siegt nur, wer niemals sein Ziel erreicht. (Pessoa zit. nach Mayer 2001, S. 123)*

Das aber ist unendlich schwierig. Nur ganz wenigen gelingt es, was Pessoa empfiehlt – im Vollbesitz geistiger und körperlicher Kräfte schlicht „ade" zu sagen, um entspannt und materiell gut versorgt, um lebensfroh und lebenssatt den Feierabend des eigenen Daseins selbst einzuläuten. Dann nämlich bleibt einem das Schicksal des 1471 verstorbenen letzten Stargarder Herzogs erspart, der auf seinem Sterbebett klagte: „Oh Gott, wie ist man gerannt für vier Bretter und ein Laken."

Man muss Schluss machen, damit andere endlich anfangen können und damit man selbst wieder anfangen kann. Das Ende ist, so gesehen, der Anfang von der anderen Seite.

„Zwischen den Jahren"
Ein klärendes Gespräch

„Zeit zwischen den Jahren", eine seltsame Formulierung, ein seltsames Ereignis, eine seltsame Zeit – Was versteht man eigentlich darunter?

Wie alle Kalender, so ist auch die Zeitspanne, die wir die „Zeit zwischen den Jahren" nennen, ein kulturelles Konstrukt, also eine Erfindung der Menschen. Sie ist keine offizielle Kalenderzeit, taucht im Kalender also gar nicht auf. Es handelt sich um eine volkstümliche Bezeichnung jener von Terminen und beruflichen Verpflichtungen entlasteten Tage, in denen das alte Jahr auf das neue trifft. Das sind die sich für nicht wenige Zeitgenossen etwas zähen, ziehenden Tage zwischen Weihnachten und den Explosionen zu Silvester. Zuweilen trifft man auch auf lokale Traditionen in denen die „Zeiten zwischen den Jahren" bis zum 6. Januar, dem Dreikönigstag, verlängert werden.

Gibt es das schon immer, zumindest so lange, wie es Kalender gibt?

Nein, unsere germanischen Vorfahren kannten, wie die Griechen ebenso, keine Zeitspanne, der sie solch ein Etikett hätten anheften können.

Dies aus einem naheliegenden Grund. Sie kannten keinen scharfen, keinen präzisen Jahresanfang. Die Orientalen und die Römer kannten diesen zwar, aber sie feierten aus leicht nachvollziehbaren Gründen kein Weihnachtsfest. Auch für sie gab es also diese Tage des „Dazwischen" nicht. Selbst die frühen

Christen kannten sie nicht. Zwar feierten sie seit dem 4. Jahrhundert Christi Geburt, wie ja heute noch, am 25. Dezember, doch für sie war dieser Tag anfänglich ebenso der Tag des Jahresbeginns. Daher gab es auch für sie logischerweise keine Zeit des „Dazwischen", die sie „Zwischen den Jahren" hätten nennen können. Erst im Jahr 1691 setzte Papst Innozenz XII. den Jahreswechsel verbindlich auf den 1. Januar fest. 100 Jahre zuvor hatte Papst Gregor XIII. eine sinnvolle und längst fällige Kalenderreform bekanntgegeben, in deren Rahmen einmalig zehn Tage aus dem Kalender gestrichen wurden. Eine nicht unerhebliche Zahl von Protestanten jedoch weigerte sich damals, dem papistischen Zeitdiktat zu folgen, und richtete sich weiterhin am alten Kalender aus. So gab es in Deutschland, die Kirchenspaltung war der Ausgangspunkt, für längere Zeit zwei Zeitrechnungen, die um einige Tage differierten. Das neue Jahr begann also, je nach Kalender, an unterschiedlichen Tagen. Diejenigen Tage, die zwischen den jeweiligen Jahresanfängen lagen, nannte man im Volksmund dann die Tage „zwischen den Jahren." Diese Redensart hat die Zeiten überdauert und bezeichnet heute, wo Protestanten und Katholiken dem gleichen Kalender folgen, die Tage zwischen Weihnachten und Neujahr. In von Traditionen ausgedünnten Gegenden kursiert für diese Zwischenzeit auch die Bezeichnung „Brückentage".

Was ist eigentlich das Besondere dieser Tage, was zeichnet sie aus?

Schaut man durch die Gleitsichtbrille des Zeitforschers, dann ist es der Schwellencharakter, der die Zeit zwischen Weihnachten und Neujahr zu besonderen Tagen macht. Auf der einen Seite das Weihnachtsfest, zugleich die Zeit der Wintersonnenwende, auf der anderen Seite Silvester/Neujahr. Das Weihnachtsfest und die Wintersonnenwende sind Repräsentanten der so genannten „zyklischen Zeit", Silvester/Neujahr hingegen repräsentiert die „lineare Zeit“. Beide Zeiten bestimmen unser tägliches Dasein. Zum einen die zyklische Zeit, die man sich bildlich als eine in sich zurückkehrende Kreislinie vorstellen kann und die wir als Kreislauf von Blühen und Welken, Tag und Nacht, Geburt und Tod, Sonnenauf- und Sonnenuntergang wahrnehmen und erleben. Es ist die Zeit, die uns Menschen als Naturwesen geschieht, über die wir nicht beliebig bestimmen können. Zum anderen die lineare Zeit, die voranschreitende, niemals wiederkehrende Zeit des Eins nach dem Anderen, die in der Figur der sich stets fortsetzenden Linie ihren bildlichen und in der jährlichen Aufstockung der Jahreszahlen ihren numerischen Ausdruck findet. Dies ist jene Zeit, über die wir Menschen selbst bestimmen, die wir ordnen, einteilen, messen, organisieren und managen können, die Zeit der Kalender und der Uhren. Das Ereignis Weihnachten/Wintersonnenwende sagt uns: Alles wiederholt sich, Silvester/Neujahr hingegen signalisiert: Alles schreitet voran. Der mehr oder weniger konfliktreiche Zusammenprall dieser unterschiedlichen Zeiten prägt unseren Alltag, doch nur an den von Arbeit relativ entlasteten Tagen „zwischen den Jahren“ haben wir genügend Zeit uns auf der Schwelle zwischen den Zeiten zu erfahren.

Es liegt in einer solchen Schwellensituation nahe, dass man sowohl zurück als auch nach vorne blicken kann. Den Blick zurück nennen wir „Bilanz ziehen“, während wir, wenn wir den nach vorne meinen, von „Pläne machen“ sprechen.

Verfallen waren die Menschen dieser Leidenschaft des Bilanzierens und Planens jedoch erst, nachdem sie sich entschieden hatten, sich zu modernisieren. Zu Beginn der Moderne erst entwickelte der Mensch die Leidenschaft, die Zeit in die eigene Hand zu nehmen und schaute ab da, wenn's um Zeit ging, nicht mehr zu Gott auf, sondern zur Uhr und dem Lauf der Zeiger. Der Blick auf die Zeit wanderte vom Himmel über die Türme zum Kaminsims, dann suchte man die Zeit in den Hosen und

Westentaschen und seit 100 Jahren sucht man sie am Handgelenk. Doch nicht einmal dort fand der Blick zu Zeit längerfristig seine Heimat, denn ein paar Jahrzehnte später machte er sich auf die Reise zu den flimmernden Displays der unterschiedlichsten Geräte.

Längst wurde die Zeit zu einem überaus beliebten Gegenstand der Kalkulation, und man meint und hofft, damit die Zukunft eigenmächtig und selbsttätig gestalten zu können. Auf diesem Weg wurden dann die schwebenden Tage „zwischen den Jahren" immer mehr zu Buchhalter- und zu Orakeltagen, an denen man Bilanz zieht und anschließend mit dem und auf das spekuliert, was danach kommt.

Was machen die Menschen heute mit dieser „schwebenden Zeit"?

Unterschiedliches. Berufstätige feiern ihren Resturlaub ab, Schüler und Schülerinnen freuen sich über die Ferientage und die Lehrer und Lehrerinnen freuen sich gleich mit, andere wiederum holen längst fällige Besuche bei Verwandten und Bekannten nach, um kurz vor Jahresende ihr Gewissen zu entlasten. Kurzum, zwischen „Lukasevangelium" und „Dinner for one" ist viel los. Die einen hetzen weiter, wie sie das bereits vor Weihnachten getan haben, und rennen von Kaufhaus zu Kaufhaus, von Boutique zu Boutique, um das umzutauschen, was sie ein paar Tage zuvor erworben haben. Andere sitzen Stunden vor dem Fernseher, während wiederum andere mit Spaziergängen gegen ihr Übergewicht ankämpfen, und einige kommen endlich mal zu jenem Mittagsschlaf, auf den sie sich seit Langem schon gefreut hatten. Angeregt durch den 128. Jahresrückblick im Fernsehen, versucht der eine oder die andere auch bei sich ein wenig Bilanz zu ziehen, zieht sich in ein stilles Zimmer zurück und hängt ein Schild mit der Botschaft „wegen Inventur geschlossen" an die Tür.

Das hört sich etwas sehr individualistisch an. Gibt's denn nicht auch gemeinsame Aktivitäten, die für diese Tage typisch sind?

Die gibt's, in der Tat. Bräuche und Rituale, zu Silvester besonders laute, stehen bereit, die innig miteinander verkneteten Bedürfnisse von Vergangenheitsbewältigung und Zukunftsplanung in Gemeinschaft zu gestalten. In einigen Regionen dieser Republik treibt man das alte Jahr aus, indem man die Bude ausräuchert, in anderen hingegen die Umwelt mit viel Lärm und Pulverdampf verräuchert. Anderswo zählt es zu einer lang bestehenden Tradition, Haus und Wohnung aufzuräumen und gründlich sauber zu machen, um das, was man nicht mit ins neue Jahr nehmen möchte, wegzuwerfen. Schlussverächter und Schlussflüchter hingegen – es gibt von diesen mehr und mehr – hauen am zweiten Weihnachtsfeiertag ab, lassen alles stehen und liegen und sind dann, wie sie den Zurückgebliebenen auf dem Anrufbeantworter hinterlassen, „für eine Zeit lang mal weg". Tauchen sie schließlich in den ersten Tagen des neuen Jahres wieder auf, dann überfällt sie die Erfahrung, dass sie mit dem alten Jahr nicht richtig fertig geworden sind, während das neue bereits unvorbereitet auf sie einstürmt.

Diese Tage des „Dazwischen" haben eine ganz eigene Atmosphäre, so etwas Schwebendes, nicht unbedingt Leichtes, eher etwas Traurig-Schönes. Wie erklären Sie das?

In der Tat, sie haben etwas Unvergleichliches. Sie ähneln dem Blick durch das Schlüsselloch, das ja auch von einem Gefühl der Angstlust begleitet wird. In den Tagen zwischen Weihnachten und Neujahr erleben wir, wie zu keiner anderen Zeit des Jahres, dass die Zeit vergeht; zugleich spüren und erkennen wir, dass es nicht die Zeit ist, die da vergeht, sondern dass man selbst vergeht. Das sind dann jene Momente, in denen man zur Verteilung von Glückskeksen und Glücksschweinen neigt, um sich und seiner sozialen Mitwelt beschwörend mitzuteilen: „Alles wird gut.“ Die Begleitmusik dieser zuweilen in Sentimentalität getränkten Zeit zwischen den Jahren ist anfänglich eher auf die Tonart Moll ausgerichtet, bis sie dann in Richtung Silvester lauter wird, um es am letzten Tag des Jahres schließlich laut krachen zu lassen.

Was ist so „schön“ an dieser Zeit, dass sich viele auf diese Tage freuen?

Man kann Dinge tun, die das ganze übrige Jahr zu kurz kommen. Man hat zum Beispiel endlich mal wieder Zeit, mit etwas Schluss zu machen, Zeit das eine oder andere abzuschließen. Kein Vorgesetzter, der wie im Arbeitsalltag üblich von einem verlangt, sich ohne Einschätzung und Auswertung dessen, was man erreicht und geschaffen hat, also ohne wirklich abzuschließen, übergangslos an die nächste Aufgabe zu machen. Endlich darf man mal das tun, was einem das Internet verwehrt, aufhören und anfangen. Endlich mal die Gelegenheit zur Erfahrung, zu etwas anderem in der Lage zu sein als das Internet. Das nämlich kennt keine Tage „zwischen den Jahren“. Das Internet kennt überhaupt keine Zeit, es macht keine Pausen, weiß nichts von Schlüssen und nicht von Anfängen. Weihnachten ist ihm so unbekannt wie Silvester, Werktage sind ihm so fremd wie Feiertage. Weil es davon keine Ahnung hat, hat es auch keine Angst vor dem was kommt, kann aber andererseits auch nicht froh und dankbar dafür sein, ein Jahr wieder mal ganz passabel hinter sich gebracht zu haben. Die schwebenden Tage des „Dazwischen“ sind eine Erholung vom Zeitgeist des „schneller und schneller“ und der „Gleichzeitigkeit der Sensationen“. Der Genuss dieser Tage besteht in dem seltenen Erlebnis, viel zu tun zu haben, weil man so wenig zu tun hat.

Sollte man in dieser Zeit nicht Pläne fürs kommende Jahr machen?

Ja, das sollte man. Doch man sollte nicht erwarten, dass sich diese erfüllen. Empfehlenswert ist, um ein Bild von Hegel zu gebrauchen, den „Friedhof der guten Absichten" zu pflegen und zu erweitern. In diesem Zusammenhang sollte man die Vorsätze vom letzten Jahr, die man, wie die Jahre zuvor, auch diesmal nicht abgearbeitet hat, zu Grabe tragen. Verfehlt aber wäre es, daraus den Schluss zu ziehen, es in Zukunft mit den Plänen sein zu lassen. Kurzum: Machen Sie, während Sie die am Horizont des alten Jahres verschwindenden Pläne des alten Jahres feierlich in die Gräber des Vergessens versenken, neue Pläne. Auch um am Ende des nächsten Jahres wieder etwas beerdigen zu können. Als Vorbild bietet sich die Tradition ländlicher Musikkapellen an, die auf dem Weg zum Friedhof einen Trauermarsch anstimmen und auf dem Weg zurück dann aber einen Freudenmarsch spielen.

Kurz und bündig gesagt: Wann, wenn nicht in den bewegten und bewegenden Brückentagen zwischen Weihnachten und Neujahr bekommt man es realistischer und überzeugender demonstriert, dass das Leben das ist, was einem geschieht, während man damit beschäftigt ist, es zu planen?

Na, Herr Geißler, und wie verbringen Sie die Tage „zwischen den Jahren"?

Keine Pläne, die Tage des Dazwischen kommen auch so. Ich weiß aber, was ich nicht tue: Ich schau mir keine Jahresrückblicke im Fernsehen an, auch nicht die so beliebten wie sinnlosen Wahlen zum Torschützen, zum Politiker, zum Pechvogel oder zum Trottel des Jahres. Gänzlich aber werd ich aufs Fernsehen nicht verzichten. Ich freu mich auf das große Finale dieser Tage, nein, nicht aufs Silvesterfeuerwerk, auf die Knallerei oder den sonstigen Klamauk. Ich freu mich auf die Silvesteransprache des Bundeskanzlers, die derzeit eine Kanzlerin ist. Ich freu mich deshalb darauf, weil es sich dabei um ein zyklisches Ereignis handelt, das einem in einer unsicheren Welt die Sicherheit verleiht, bereits am Anfang eines Jahres zu wissen, was am Ende gesagt wird. Und was gibt es Erbaulicheres, als am Ende eines Jahres die Erfahrung machen zu dürfen, dass man am Anfang bereits wusste, was kommt. Also konkret: Die Kanzlerin wird, wie ihre Vorgänger es getan haben und wie sie es die Jahre zuvor auch schon getan hat, den „lieben Mitbürgern und Mitbürgerinnen“ (Änderungen der Reihenfolge möglich!) danken, dass sie fleißig daran mitgearbeitet haben, Deutschland wieder ein Stück voran gebracht zu haben. Daran anschließend aber wird sie die Zuschauer mit erhobenem Zeigefinger ermahnen, dies nicht zum Anlass zu nehmen, sich zufrieden zurückzulehnen und die Hände in den Schoß zu legen. Nein, das wird sie deutlich machen, nein, es muss weitergehen, weiter vorwärts, weiter aufwärts. Wohin weiter, das sagt sie uns nicht.

Same procedure as every year. Ja ich freu mich darauf. Es ist einfach schön, in solch uneindeutigen, bewegten Zeiten, erfahren zu dürfen, dass das Neue das Alte ist, dass, obgleich sich alles ändert, doch alles bleibt wie es ist. Was gibt es Beruhigenderes – ohne dass es einem hätte verschrieben werden müssen.

(Die Fragen stellte Martin Hartmann.)

„Halte Dich aus!"
Lob der langen Weile

„Stell dir vor, du gehst in dich und findest nichts." Was dann? Dann, ja dann ist es langweilig, unendlich langweilig. Wer in diesem Zustand auf die Idee kommt, den Fernseher einzuschalten, mal ganz rasch eine Reise zu buchen, zum Shoppen in die Stadt zu gehen oder auch nur kurz mal irgendwo anzurufen, ist verloren, verloren an die Langeweile und die leeren Untiefen des Selbst. Wer das tut, dem geht's wie Robert Gernhardts Reimfigur:

Ich horche in mich rein,
In mir muß doch was sein.
Ich hör nur „Gacks" und „Gicks":
In mir da ist wohl nix.

Nein, nicht die Langeweile ist das Problem der leeren und langen Zeit; das Problem ist die Ungeduld, mit der sie gemeinhin vertrieben wird. Wer die Langeweile stets vertreibt, wer sie nicht aushält, nicht durchsteht oder nicht durchzustehen bereit ist, steigert nur das Tempo ihrer Wiederkehr. Langweilig ist nämlich nicht irgendetwas, nicht dies und das sind so langweilig, langweilig bin immer nur ich mir selbst. Auch wenn solche Erkenntnis verständlicherweise schwer zu akzeptieren und als Erfahrung noch schwerer auszuhalten ist, so gibt es nun mal keinen schnellen Weg aus ihr heraus. All die diversen Abkürzungen, die von den mehr oder weniger langweiligen Langeweilevertreibungsratgebern landauf landab offeriert werden, führen mit zeitlich aufschiebendem Effekt nur noch tiefer in sie hinein. Es gibt nur einen Weg aus der Langeweile heraus, es ist – auch wenn er lange dauert – der kürzeste und fruchtbarste: Er geht durch die Langeweile hindurch. Er führt nicht zu einem der vielen bunten, aber zugleich fantasielos flimmernden Bildschirmen, die die Alltagswelt inzwischen an allen Ecken und Enden möblieren. All die fremd- und selbstgesteuerten Medien und Oberflächen vermehren die Langeweile, die zu verscheuchen sie versprechen und vorgaukeln. Im besten Fall gelingt es ihnen, die Langeweile für eine kurze Zeit erträglicher zu machen, indem sie sie – auch das ist nicht ohne Langeweile – ein wenig abwechslungsreicher gestalten.

Bei Nietzsche findet man das Argument, warum wir aufhören sollen, die Langeweile zu vertreiben, und warum es uns gut tut, sie auszuhalten, um sie mit langem Atem zu durchqueren: „Geduld und lange Weile sind jene unangenehmen Windstillen der Seele, welche der glücklichen Fahrt und lustigen Winden vorangeht.“ Will sagen: Diejenigen, die sich weigern, die Mühen auf sich zu nehmen, um die Regionen hinter der Langeweile zu erreichen, bleiben ihr rettungslos verfallen und müssen auf jene Glück versprechenden Zeiterfahrungen verzichten, die die bunten Wiesen der Zeitzufriedenheit bereithalten. Niemals werden sie die Orte kennen und lieben lernen, an denen die lange Weile des zeitsatten Daseins und des selbstvergessenen Glücklichseins zu Hause ist.

Die Langeweile ist eine zutiefst menschliche Angelegenheit. Tiere kennen keine Langeweile, sie ist ihnen unbekannt. Sie sehen ja nicht fern, gehen nicht shoppen, meiden Oberflächen, speziell flimmernde, flüchten selten oder nie in irgendwelche Pseudoaktivitäten und telefonieren auch nur in sehr seltenen Ausnahmefällen. Deshalb langweilen sie sich auch nicht. Das veranlasste den großen Spötter Voltaire zu der sehr zutreffenden Feststellung: „Wenn Affen sich langweilten wären sie Menschen.“ Festgestellt hat er das zu Beginn jener Epoche, in der die Langeweile demokratisiert wurde und nicht mehr länger, wie zuvor, allein ein Privileg des vergnügungssüchtigen Adels war.

In der Zwischenzeit ist die Langeweile, bzw. der verzweifelte Kampf gegen sie, zu einem höchst lukrativen Geschäft geworden. Verdient werden kann bei dem Handel mit solchen Gefühlen langfristig nur dann, wenn die Langeweile nicht ab-, sondern weiter zunimmt. Dafür sorgt inzwischen ein boomendes Zerstreuungsgewerbe, ein hochprofitables Unterhaltungsbusiness, und dafür sorgt auch die derzeit Karriere machende grelle und immer greller werdende Eventkultur. Mit bunt bebilderten Programmen der Ablenkung, hektischer Betriebsamkeit und Pseudoaktivitäten einschließlich inszenierter Fröhlichkeit verspricht man den Sieg über das Angst machende Gefühl von leerer, unverplanter Zeit. Gegen die dumpfe Reizlosigkeit kämpft man mit nicht weniger dumpfer Reizüberflutung an, und bedient sich dabei des dümmsten aller Slogans, dass Stillstand nämlich Rückschritt bedeute. Wer darauf hereinfällt und seine Existenz danach ausrichtet, hat aufgehört, sein Leben selbst zu leben und bezahlt es im doppelten Sinne teuer, sein Leben von anderen gestalten und verplanen zu lassen. Flaubert hat vor solchem Leichtsinn gewarnt: „Die Zerstreuung zerstreut nicht – ebenso wenig wie Aufregendes aufregt."

Die personalisierte Form der Langeweile ist heutzutage der „Langweiler". Er ist ein Produkt der Ablenkungsgesellschaft und wird von der Eventindustrie als einer der Prototypen mit einem abschreckenden Negativimage eingesetzt. „Langweiler" – nein danke, das will man auf keinen Fall sein. Also stürzt man sich ins Gewühl, hängt einen Termin, einen Event an den nächsten und geht auf die endlose Schnäppchenjagd nach der besten Party. Gelingt es einem dann auch noch, möglichst viele Freunde und Freundinnen per Kurznachricht informiert und an jenen Ort, an dem vermeintlich „die Post abgeht", hinzulotsen, hat man dafür vorgesorgt, nicht als „Langweiler" angesehen zu werden.

Die Langeweile hat einen schlechten Ruf. Nicht zuletzt basiert dieser auf der protestantisch eingefärbten Vorstellung, dass nur diejenigen mit Erlösung rechnen können, die sich strebsam zeigen und sich immer und überall bemühen, ihr Leben auf Arbeit, penible Zeitkontrolle und permanente Aktivität hin auszurichten. So kommt man auch nicht auf schlechte Gedanken. Es ist diese protestantisch-pietistische Weltanschauung, die zu Beginn der Moderne die bis dahin wirksame Vorstellung ablöste, dass zwei Wege zur Erlösung und einem glücklichen Dasein existieren – einer, der über Aktivität und Arbeit führt, und ein anderer, ebenso zielführender Weg, der über die Beschaulichkeit und die Kontemplation führt. Langeweile, wie wir sie heute kennen und beklagen, war zu dieser frühen Zeit weitestgehend unbekannt. Bekannt und erwünscht war hingegen die sich von der Langeweile fundamental unterscheidende lange Weile. Die lange Weile war eine Art Sehnsuchtsort der erfüllten Zeit, war ein Weiler, an dem man zur Ruhe kam, sich zumindest vorübergehend beheimatet fühlen konnte, an dem man von den Sorgen des Alltags weitestgehend befreit war. Der Ort der langen Weile war der Ort des Verweilenkönnens, und als solcher war er eine Art Vorgarten des Paradieses. Er provozierte den Wunsch „Verweile doch, Du bist so schön ..." auszurufen.

Dass gut Ding Weile haben will, ist uns ja bis in die heutige Zeit sprichwörtlich überliefert. Ernst jedoch nehmen wir die in dieser Überlieferung versteckte Botschaft nicht. Mehr als eine nostalgische Reminiszenz an vergangene Zeiten stellt sie uns nicht dar. Die Maxime, an der wir uns derzeit ausrichten, läuft aufs Gegenteil hinaus: „Gut Ding will Eile haben." Diese Eile aber, von der wir uns das Gute erhoffen, führt nicht zu den Orten der langen Weile sondern ins zeitliche Ödland der Langeweile. Die Orte, die Weiler des Ausruhens, des Atemholens und der Zufriedenheit haben wir gegen die Kurzzeitreligionen der Mobilität, der Flexibilität, der Ablenkung und des flüchtigen Amüsements getauscht. Dieser Tausch hat seinen Preis.

Man zahlt heute einige Tausend Euro für das „Do-Nothing-Weekend“ in einem irischen Landhaus in Küstennähe, kaum billiger ist der zehntägige Meditationstrip in die nordafrikanische Wüste zu haben, und nur geringfügig weniger berappt man für den Power-Yoga-Kurs im illustren Schwarzwaldbad – alle Angebote selbstverständlich perfekt durchorganisiert und, laut Prospekt, garantiert langeweilefrei. Statt Ruhe, Besinnung, Kontemplation und Zu-sich-Kommen erlebt man Besinnungsstress, statt Beschaulichkeit erhetzt man sich einen Meditationsworkshop nach dem anderen. Wenn das nicht langweilig ist, was dann! Was sich da als Kampf gegen die Langeweile ausgibt, ist der Weg tiefer in sie hinein. Ablenkung mit Steigerungsgarantie. Alles ist möglich, nur nicht der Weg, der einzig zum Ziel – zu sich selbst nämlich – führen würde, der durch die Langeweile hindurch. Ihn findet man in keinem Prospekt, ihn sucht man vergebens auf dem Markt der Möglichkeiten. So aber bleibt das Fenster zur Muße verschlossen, so winkt das Glück der in sich ruhenden Zufriedenheit nicht einmal von der Ferne.

Ungeduld, Stress, Hetze und Ablenkung, allesamt Zumutungen, die in der Nährflüssigkeit der Beschleunigung besonders gut wachsen und gedeihen, haben wir im Überfluss, an was es uns heute mangelt, ist lange Weile, sind Orte und Zeiten des Verweilens, des Innehaltens und des Zu-sich-Kommens. Zu denen aber gelangt man nicht durch einen noch so gut organisierten Kampf gegen die Langeweile, man erreicht sie ausschließlich, indem man nichts gegen die Langeweile tut, sich nicht ablenkt und auch nicht ablenken lässt, die Langeweile nicht bekämpft, nicht fortscheucht und vor ihr nicht flieht. Die Geschäftigkeit, mit der man die Langeweile vertreibt, steigert das Tempo, mit dem sie zurückkommt. „Jeder Mensch“, so forderte der Publizist und Soziologe Siegfried Kracauer bereits vor

80 Jahren, „hat ein bescheidenes Recht auf seine persönliche Langeweile. Langeweile ist der einzige Weg, sich in einer hektischen Welt wieder als Mensch zu fühlen." Wir sollten uns dieses Rechtes bewusst sein, es uns, wenn man es uns schon nicht zugesteht, hin und wieder nehmen und gegen alle noch so verführerisch klingenden Angebote, die Langeweile für uns zu vertreiben, auf dem Recht auf Langeweile bestehen.

Günstige Gelegenheit dafür sind Wochenenden, Urlaubs- und Ferienzeiten. Hat man nicht etwas voreilig bereits einen der durcharrangierten Animateururlaube mit Bildungs- und Fitnessprogramm sowie Rund-um-die-Uhr-Erlebnisarrangement gebucht, dann ließe es sich doch mal riskieren, zumindest zeitweise die Zeit einfach mal auf sich zukommen zu lassen, nichts oder – wenn's denn sein muss – nur ganz wenig zu planen und zu organisieren. Nur Mut! Versuchen Sie's mal! So könnte das dann aussehen:

Gehen Sie vorsichtig und langsam, wirklich ganz bedächtig, und nicht wieder so eilig und plötzlich, wie Sie das sonst immer machen, vom Tun zum Nichtstun, von der Hektik des Alltags zum geduldigen und ruhigen Nichtstun über. Nochmals: Nicht schnell und auch nicht mit der gewohnten üblichen „Power" – ansonsten nämlich wird's schnell „power-langweilig".

Machen Sie, sogleich wenn der Urlaub beginnt, jeden Tag etwas weniger, als sie am Tag zuvor gemacht haben. Überlegen Sie am Abend des vorherigen Tages, was Sie am nächsten Tag sein lassen könnten – und lassen Sie am nächsten Tag genau das, für was Sie sich entschieden haben, auch sein. Beobachten Sie sich am nächsten Tag beim Seinlassen. Suchen Sie sich dabei einen ruhigen Ort und eine stressfreie Zeit – die Mittagspause vielleicht – setzen Sie sich in eine stille Ecke, besser noch, Sie legen sich unter einen schattigen Baum, schauen zum Himmel und sehen den vorüberziehenden Wolken zu. Tun Sie das so lange, bis Sie spüren, dass Sie, obgleich Sie eigentlich nichts tun, noch am Leben sind. In diesem Moment haben Sie den ersten, den wichtigsten Schritt bereits geschafft.

Dann geht's relativ einfach weiter: Steigern Sie die Zahl jener Dinge und Aktivitäten, die Sie sein lassen, von jedem Tag auf den nächsten. Hören Sie damit auf, aber erst dann, wenn Sie merken, dass Sie zu faul sind, sich zu langweilen. Das ist dann der Augenblick, in dem Sie hinter der Langeweile angekommen sind. Sie befinden sich dann auf ihrer schönen Seite, dort nämlich, wo Sie nicht mehr auf die Zeit zugehen und was mit ihr machen, sondern wo die Zeit auf Sie zukommt, Ihnen zuzwinkert und wo Sie endlich mal die Gelegenheit haben, gemeinsame Sache mit ihr zu machen. In diesem Augenblick haben Sie den Sehnsuchtsort der langen Weile erreicht und die Chance, sich selbst zum „ungeschminkten Gesellschafter" (Hermann Hesse) zu haben.

Diderot im Zeugenstand
Warum das Neue auch nicht glücklich macht

Die Literaturgeschichte kennt nur sehr wenige gute Klageschriften. Eine der besten und schönsten ist zweifelsohne der 1772 von Denis Diderot, dem großen französischen Aufklärer verfasste Nachruf auf seinen ausrangierten Hausrock. Diderot gab seinem kleinen Essay den Titel: *Gründe, meinem alten Hausrock nachzutrauern*. Seine poetische Klage wollte er als eine „Warnung an alle, die mehr Geschmack als Geld haben", verstanden wissen.

In wunderbar sensiblen Worten schildert Diderot in seinem dichten Text die aufgewühlte Gefühlswelt, die der Kauf eines neuen Hausrocks bei ihm entfachte. Seine intensive Selbstbetrachtung beginnt mit einem tiefen Seufzer, den sich heutzutage in einer ähnlichen Situation keiner mehr zu äußern erlauben würde. Und doch gleicht er auffällig jenem Gemütszustand, in den sich diejenigen Zeitgenossen versetzt sehen, die sich zum Kauf eines neuen Gegenstandes, sei es ein Computer, ein neues Haushaltsgerät oder eines der vielen westentaschenkompatiblen smarten elektronischen Instrumente, entschieden haben. Spätestens beim Studium der Bedienungsanleitung, in der man üblicher- und sinnloserweise vom Hersteller des jeweiligen Gerätes zu dessen Kauf beglückwünscht wird, werden sie von einer resignativen Stimmung eingeholt und fragen sich wie auch Diderot mit Blick auf das ausrangierte Objekt: „Warum habe ich ihn nicht behalten? Er passte zu mir, ich passte zu ihm." Warum nur, so die zeitgemäße Ergänzung, bin ich mal wieder auf die Versprechen hereingefallen, das Neue für besser zu halten als das Erprobte und Gewohnte?

Was nur ist es, das uns da zum Neuen, zum vermeintlich Besseren schiebt, drängt und verführt, obgleich man doch kurz zuvor noch mit dem was man hatte zufrieden war? Inzwischen müssten wir doch wissen und aus Erfahrung klüger geworden sein, dass das Neue, wenn überhaupt, immer nur kurzfristig glücklich und zufrieden macht. Diderot hat eine Antwort. Die Hoffnung auf Zufriedenheit ist so unwahrscheinlich wie die Erfüllung des Wunsches durch materiellen Wohlstand freier zu werden, mehr Zeit zu haben und weniger Aufwand betreiben zu müssen. Das alles sind Illusionen, und zwar hartnäckige, der in erster Line jene Zeitgenossen anheim fallen, die – so Diderot – „mehr Geld als Geschmack haben". Sie betrügen sich, fallen auf sich selbst herein – wie Diderot ja auch. Geblendet von den wärmenden Sonnenstrahlen des Neuen tappt man in die Falle einer Erneuerungsspirale, bei der jede Drehung, kaum ist sie vollendet, den Wunsch nach weiteren Neuheiten weckt.

Die Strategien des Marketings sind darauf abgestellt. Die Hardware wird nahezu verschenkt, die Software, für Einsatz und Gebrauch unabdingbar, ist nur zu überhöhten Preisen zu erwerben. Das medial hochgerüstete Leben wird, entgegen allen Hoffnungen und Ankündigungen, nicht einfacher, billiger erst recht nicht, und Zeit spart man auf diesem Weg auch keine. Mit der Möglichkeitsvielfalt und der Multifunktionalität steigt auch der Entscheidungsdruck und mit diesem dann der zeitliche Aufwand: Wie gewonnen, so zerronnen. Je mehr man tut, umso mehr tut man nicht.

Hausröcke sind nicht mehr allzu modern – Diderots Text, obgleich er aus dem 18. Jahrhundert stammt, jedoch ist dies. „Ich war ganz und gar", so übersetzt Hans Magnus Enzensberger Diderots Klage, „Herr meines alten Hausrocks; ich bin zum Sklaven des neuen geworden [...] Verfluchtes Luxuskleid, dem ich meine Referenz erweise! Wo ist er hin, mein bescheidener, mein bequemer Wollfetzen? Liebe Freunde, haltet an den Freuden fest, die euch geblieben sind. [...] Laßt euch mein Beispiel eine Lehre sein. Die Armut hat ihre Freiheiten, der Reichtum seine Zwänge."

Der Verzicht hat seine Freiheiten, doch auch die Geduld, die Langsamkeit, das Abwarten besitzen diese. Die Eile, die Hetze, das Zeitsparen, die Zeitverdichtung und die vielen Wahlmöglichkeiten, sie alle haben ihre Zwänge. Ist der Computer mal wieder abgestürzt, die Fernsteuerung unauffindbar, der Akku des Mobiltelefons leer, dann ist die Gelegenheit günstig, mal wieder Diderots Trauerrede an seinen alten Hausrock hervorzuholen. Die Lektüre dauert nur 20 Minuten.

Das Reh springt hoch,
Das Reh springt weit,
Warum auch nicht?
Es hat ja Zeit.
(Heinz Erhardt)

Vademecum: Zehn Angebote zum Zeit-leben

Sicher, es ist lehrreich, interessant und zuweilen auch unterhaltsam, über Zeit zu lesen, zu diskutieren und nachzudenken, der Zeitalltag aber will gestaltet, nicht reflektiert werden. Wer seine Tage ausschließlich damit zubringt, sich über Zeit Gedanken zu machen, verpasst das Leben und läuft Gefahr, über kurz oder lang zu verhungern, vereinsamt und muss auf viele schöne Dinge und Erfahrungen verzichten.

Diejenigen, die dem Irrtum unterliegen, keine Zeit zu haben, die an ihr leiden, benötigen anderes als mehr oder weniger kluge Gedanken übers Zeitgeschehen und den unaufhaltsamen Lauf der Zeiten. Hat man mit der Zeit und dem Zeitleben Probleme und will diese mindern, braucht man praktische Hinweise und Hilfestellungen und ab und zu auch mal einen Ratschlag dahingehend, wie man es eventuell vielleicht anders machen könnte. Will man so weitermachen wie bisher, braucht man diese nicht. Dazu muss man einfach nur weitermachen wie bisher – wahrscheinlich mit etwas mehr Glück und mit besseren Nerven. Jenen jedoch, für die Zeit nicht nur zum Sparen und zur Selbstoptimierung da ist, die beabsichtigen, ihr Zeithandeln zu ändern und das mit der Absicht tun, selbst etwas dazu beizutragen, kann man nur empfehlen, sich ihren bisherigen Umgang mal wieder anzuschauen und sich dabei im Hinblick auf Anregungen, wie man's anders und besser machen könnte, offen und aufgeschlossen zu zeigen. Einige Anregungen dazu:

1. Leben Sie nicht eine, leben Sie viele Zeiten

Die Zeit, die wir leben und erleben, ist nicht die Zeit, die wir an der Uhr ablesen. Wir erfahren die Zeiten durch Veränderungen, Veränderungen bei uns selbst, Veränderungen unserer natürlichen Um- und unserer sozialen Mitwelt. Wir erleben unser Älterwerden, sehen den Wechsel der Jahreszeiten, den Wandel des technischen Fortschritts und das Entstehen und den Niedergang der sozialen und der politischen Verhältnisse. Wir erleben nicht Zeit, wir erleben Zeiten. Das, was wir „Zeit“ nennen, kommt nur im Plural vor. Wäre die Zeit farbig, dann ähnelte sie einem Regenbogen, stellten wir sie uns als ein Tier vor, dann am ehesten als Tausendfüßer. Die sechsjährige Lou, der die Zeit der Uhr noch fremd ist, bringt es auf den Punkt: „Die Zeit ist blau, kann aber auch grün sein. Am Mittwoch ist sie grün und am Sonntag ist sie blau und am Donnerstag ist sie rot, Freitag ist sie gelb. Montag ist keine Zeit, am Dienstag ist sie weiß, dunkles Weiß.“ Erheblich eintöniger, viel farbloser hingegen die Zeit der Uhr. Sie ist gradlinig, simpel und eintönig. Ihr Tempo ist immerzu gleich, ihr Gang berechenbar, ihre Töne kalkulierbar. Kurzum, sie ist, wie das Leben nicht ist.

Im Garten der Zeit wachsen und gedeihen viele unterschiedliche Zeitblumen, darunter markante, auffallende, unscheinbare. Man findet dort prächtige und weniger prächtige, hübsche und nicht ganz so hübsche. Zu den herausragenden gehört die Schnelligkeit. Sie hat unseren Vorfahren die Flucht vor wilden Tieren ermöglicht und den heute lebenden Zeitgenossen die Flucht mit dem Flugzeug aus den kalten und grauen Zonen in die sonnigen Regionen des Südens. Im eher schattigen Teil des Zeitgartens finden wir die Langsamkeit in enger Nachbarschaft mit der Geduld, dem Zögern, der Pause und dem Warten. Daneben noch ganz viele andere, darunter beliebte, weniger beliebte, auch bedrohte und einige, die hin und wieder als Unkraut bezeichnet werden.

Alles, so steht's in der Bibel, „hat seine Zeit“, ein jedes seine eigene. Sprechen wir als von *der* Zeit, dann sprechen wir von der Summe unterschiedlicher Zeiten. Es sind die unterschiedlichen Zeitqualitäten, die unseren Zeiterfahrungen und Zeiterlebnissen ihre je spezifische Farbe und ihre besondere Qualität verleihen. So wie die Erfahrungen haben auch alle Orte, alle Entwicklung, alle Gegenstände, alle Personen und alle sozialen Gemeinschaften ihre je eigenen, besonderen zeitlichen Qualitäten. Eine Barocktreppe hat eine andere Zeit als eine Betontreppe. Die Barocktreppe fordert zu einem gemessenen, eher würdevollen Schreiten auf, eine Treppe aus Beton motiviert zu zügigem, raschem Auf- oder Abstieg. In einer Kathedrale bewegen sich Besucher langsamer, zaghafter als das Personen auf den Fluren eines Verwaltungsgebäudes tun, in einer Grünanlage bewegt man sich wiederum anders als in einer Geschäftsstraße. Jede Familie, jedes Team, jede Abteilung, jeder Vorgesetzte und jede Chefin, jede Aufgabe und jede Organisation hat ihre eigenen Zeiten. Diese Zeitvielfalt, die zugleich die Grundlage unserer Zeitkultur ist, gilt es zu entdecken, zu erspüren, anzuerkennen, zuweilen auch zu beeinflussen und mit den eigenen Zeiten und Zeitbedürfnissen in eine fruchtbare Balance zu bringen.

2. Das Schnelle ist nicht immer gut, das Langsame nicht immer schlecht

Nimmt man die vielen Klagen über fehlende Zeiten, die Beschwerden über die größer werdende Hetze und den ständig steigenden Stress wirklich ernst, dann ist es erstaunlich und verwunderlich, wie viel Zeit wir mit Dingen wie Computern, Mobiltelefonen und Fernseher zubringen, die wir, um zeitreich und zeitzufrieden leben zu können, gar nicht nötig hätten. Der Zeitgeist jedoch prämiert die Schnellen, die Fixen und die Mobilen und bewundert jene Gegenstände, die für ein hohes Alltagstempo sorgen. Er belohnt, was sich dem olympischen Geist des „Höher–weiter–schneller" verschreibt. Wer rastet, der rostet!

Da ist es kein Wunder, dass unter diesen Bedingungen die Langsamkeit, einem scheuen Tier gleich, die Flucht ergriffen und sich ins Unterholz unzugänglicher Gebiete verkrochen hat.

Nur noch selten lässt sie sich blicken. Wagt sie sich einmal aus ihrem Versteck, wird sie sogleich gnadenlos verfolgt. Niemand kommt ihr zur Hilfe, weder der Natur- noch der Artenschutz. Fast sieht es so aus, als hätte man nichts dagegen einzuwenden, wenn die Langsamkeit möglichst bald aussterben würde.

Doch Vorsicht! Die Schnelligkeit nämlich wird gemeinhin als Produktivkraft überschätzt. Das Raschere, das Fixere ist nicht zwingend besser als das Langsame, genauso wenig wie die Formel „je mehr, desto besser“ überall gilt. Insbesondere dann nicht, wenn man die Langfristfolgen berücksichtigt und in die Rechnung mit einbezieht. Hingegen führen Geduld und Langsamkeit dort häufig weiter, wo es um langfristige Perspektiven, um dauerhafte und fortwährende Effekte und Erfolge geht, so beispielsweise bei der Entwicklung und der Pflege weitsichtiger Beziehungen, bei dauerhaft-stabilen Kundenbindungen, ausdauernden Freundschaften, langlebigen Organisationen, kontinuierlich fortbestehenden Gemeinschaften und Bindungen. Das Langsame beweist stets dann seine Produktivkraft, wenn mehr Wert auf Qualität denn auf Quantität gelegt wird. Unverzichtbar ist sie für die Entwicklung und den Erhalt von Vertrauen. Einher geht das Langsame unter anderem mit den Eigenschaften der Gründlichkeit, des Geschmacks, der Achtsamkeit und der Verlässlichkeit. Auch zu Sinnen kommt man, wie der gesunde Menschenverstand richtig behauptet, nur langsam – und es empfiehlt sich dabei der bekannten Volksweisheit „Eile mit Weile“ zu folgen. Auch, weil diejenigen, die zu schnell sind, von nichts Geringerem als dem Leben selbst bestraft werden. Deshalb: „Langsam, aber sicher“.

3. Warten kann sich lohnen

Warten ist, entgegen einem weit verbreiteten Vorurteil, keine „verlorene“ Zeit. Warten ist auch kein „Zeitdiebstahl“ und nur in seltenen Fällen ein Systemdefekt oder ein Planungsfehler.

Warten ist eher das, was wir mit unseren Autos machen wenn wir sie warten. Dann pflegen, versorgen wir sie, dann kümmern wir uns, richten unser Augenmerk auf sie. Warten ist keine tote, sondern lebendige Zeit, ist ein Geschenk der Zeit, ein Zeitgeschenk. Denn nur diejenigen die warten können, können auch etwas erwarten. Auf Weihnachten muss man warten können und diejenigen, die dazu nicht in der Lage sind, sind auch nicht fähig, sich auf die Feiertage und auf die Geschenke zu freuen. Je länger man, so Walter Benjamin einmal aus aktuellem Anlass, auf Frauen warten muss, desto schöner werden sie.

Warten gehört zum Leben, Warten ist Leben. Wartet der Pauker im Orchester nicht auf seinen Einsatz, wird die Musik zum Lärm. Wartet der Bauer nicht auf den rechten Zeitpunkt der Ernte, bekommen weder er noch wir dicke Kartoffeln und auch keine wohlschmeckenden reifen Äpfel. An roten Verkehrsampeln muss warten, wer im Leben noch öfter an roten Ampeln warten will. Eltern, Erzieher und Lehrer müssen warten, bis die Kinder das verstehen können, was man ihnen sagt und was sie lernen sollen. Selbst in der Welt der Wirtschaft geht's nicht ohne Warten vor- und aufwärts. Wer dort nicht wartet, bis der Markt und die Menschen bereit sind, ein neu entwickeltes Produkt zu akzeptieren, wird ebenso wenig erfolgreich sein wie diejenigen, die auf einen klugen Gedanken und einen kreativen Einfall hoffen und nicht bereit sind, auf ihn zu warten. Goethe hat seinem treuen Begleiter Eckermann einmal einen Rat gegeben, den man sich nicht nur merken, sondern dem man auch folgen sollte: „Mein Rat ist daher, nichts zu forcieren und alle unproduktiven Tage und Stunden lieber zu vertändeln und zu verschlafen, als an solchen Tagen etwas machen zu wollen, woran man später keine Freude hat."

4. Pausen sind keine überflüssigen Zeitlöcher

Pausen sind in der Zeit, was Bänke im öffentlichen Raum sind. Pausen sind, mal arrangiert, mal erzwungen Gelegenheiten zum

Abstand gewinnen, Anlässe sich auszuruhen, neue Kräfte zu sammeln, sich neu zu orientieren und mit Personen in Kontakt zu kommen. Pausen sind Zeiträume des Nach- und des Vorausdenkens, sie regen zu gedanklichen Spaziergängen, zum Phantasieren und Träumen an und erlauben das Abschalten und Verarbeiten. Kurzum, Pausen machen, wie Christian Morgenstern es in amüsant unterhaltsamen Versen beschreibt, die Bretterwand zum „Lattenzaun mit Zwischenraum hindurchzuschaun". „Meine besten Einfälle", gesteht ein Wissenschaftler, „habe ich in der Badewanne und auf meinen Spaziergängen." Pausen schaffen Abstand, bringen frische Luft in die Bude des Alltags. Die Arbeitsleistung eines Menschen, das zeigt die Praxis und das haben auch Experimente bewiesen, ist nicht ausschließlich von der Länge der Zeit abhängig, in der man sich anstrengt, sondern auch von jenen Zeiten, in denen man nicht arbeitet, in denen abgeschaltet, pausiert wird.

Ohne Pausen gäbe es weder Anfang noch Ende. Schicksal der Menschheit wäre es, ununterbrochen, pausen- und endlos weitermachen zu müssen. Nur wo Pausen gemacht werden, wo auch mal innegehalten wird, lässt sich etwas in Abschnitte, Sequenzen, Etappen und Phasen unterteilen. Man muss einhalten, pausieren, um sich von Vergangenem, Zurückliegendem verabschieden zu können, und man muss auch innehalten, um Neues beginnen zu können. Nur so ist Orientierung, die Menschen zur Gestaltung ihres Daseins benötigen, überhaupt realistisch.

Selbst Gott, so unterrichtet uns das Alte Testament, hat, als er die Welt geschaffen hat, eine Pause nötig gehabt. Nach sechs Tagen anstrengender Schöpfungsarbeit hielt er am siebten Tage inne und ruhte. An diesem Tag schuf er die Pause, und er schuf sie, um durch sie das großartige Werk, das er in Gang gesetzt hatte, zu vollenden. Sie war für ihn Anlass und Gelegenheit, auch das kann man in der Bibel nachlesen, einen kritischen Blick auf das Geschaffene zu werfen, um es zu bewerten und dabei festzustellen: „Und siehe es war gut.“ Gott hat seinen Schöpfungsakt nicht, wie das heutzutage üblich ist, durch einen simplen Druck auf die Austaste beendet und heruntergefahren. Nein, er hat ein deutliches Zeichen gesetzt, er hat die Schöpfung durch ein Pausenzeichen vollendet. Hätte er darauf verzichtet, hätte er sich nicht sicher sein können, dass ihm das, was er da auf den Weg gebracht hat, auch gelungen war. Man muss nicht notwendigerweise in die Kirche gehen, um das nachzumachen.

5. Umwege erhöhen die Ortskenntnisse

Der Umweg ist der Königsweg der Entdecker und Erfinder, der Kreativen und Innovativen. Nur diejenigen, die Umwege gehen, fahren oder umwegig denken, stoßen auf Neues, bisher Ungesehenes, Ungedachtes und Unentdecktes. Die Evolution macht’s vor. Sie bevorzugt Umwege, begibt sich auf Abwege und macht hin und wieder Sprünge. Die Gradlinigkeit, wie auch die Zielstrebigkeit und das Geradeaus sind ihre Sache nicht. Sie sind es auch nicht in der Entwicklungsgeschichte der Menschheit. Der wohl spektakulärste, sicher aber der folgenreichste aller Umwege in einer von Umwegen reichen Historie ist jener, zu dem Christoph Kolumbus den Mut hatte. Wie hinlänglich bekannt, begab der sich auf Umwegen nach Indien, um schließlich auf dem Weg dorthin Amerika zu entdecken.

Doch auch weniger berühmt gewordene Umwege haben die Menschheit weitergebracht, in vielerlei Hinsicht. Ohne Umwege, ohne Abschweifung, ohne Schleichwege ohne zögerlich-abweichende Annäherung über die eine oder andere Hintertreppe wäre die Menschheit niemals dorthin gelangt, wo sie heute steht. Sie wäre nicht nur erheblich dümmer, sie wäre auch unerfahrener, weniger erfinderisch und nicht so wohlhabend. Den Umwegen haben die Menschen manches Glück und manchen Fortschritt zu verdanken, aber, das sollte man nicht unterschlagen, auch viel Unglück und viel Leid.

Zu den eher Glück bringenden Umwegen kann man auch die zählen, zu denen man gezwungen wurde. Da ist man aus Unachtsamkeit in den falschen Zug gestiegen und hat dort dann die Liebe seines Lebens getroffen. Da wurde man durch eine Straßensperrung auf einen Umweg geschickt, der zu jenem erwerbbaren Traumhaus geführt hat, nach dem man schon seit Jahren Ausschau gehalten hatte. Auch haben wir die Existenz einer großen Anzahl jener Erfindungen, die uns die Mühen des Alltags erleichtern, häufig kuriosen Umwegen zu verdanken. Das trifft auf den Nescafé zu, ebenso den Klettverschluss, den Brühwürfel und manch andere Erleichterung und Bequemlichkeit. Ganz zu schweigen von den vielen Personen, mit denen man nur deshalb ins Gespräch gekommen ist, weil man sich verirrt hat oder auf einen Umweg geschickt wurde.

Wer Umwege zu schätzen weiß, hat die Neugierde, das Staunen und die Überraschung als Weggefährtinnen. Sie sind die besten und am meisten geeigneten Begleiterinnen in die Gefilde des Unbestimmten, Unsicheren und Unbekannten. Auf Umwegen hat man nicht nur eine gute Gelegenheit, seine Gewohnheiten zu wechseln, man kann seine gängige Sicht auf die Dinge relativieren und eventuell korrigieren. Kurzum, nicht nur Irren ist menschlich, auch das Verirren ist es.

Umwege sind zugleich Versprechen auf ein vielfältiges, zeit- und abwechslungsreiches Dasein, das nicht schnurstracks aufs unvermeidbare Ende zuläuft. Erheblich öfter, als wir uns gemeinhin eingestehen, sind es die krummen Wege und nicht die Autobahnen eines möglichst gradlinigen Alltags, die uns nicht weiter, sondern auch dorthin bringen, wo wir uns wohl fühlen und zufrieden sein können. Das trifft auf jeden Fall auf diejenigen zu, die sich bei ihrer Suche nach einem guten Essen von einem besternten Gourmetführer leiten lassen. Zu den herausragenden Gaststätten findet man nur dann, wenn man dem Hinweis folgt: „Ist einen Umweg wert.“

6. Beschleunigung und Flexibilität brauchen Stabilität

Schnell sein und beschleunigen zu können hat, ebenso wie Flexibilität viele Vorteile im Leben. Andererseits werden Flexibilität und Übereile dort gefährlich und bedrohlich, wo sie mit Verlusten an Orientierung, Sicherheit und Stabilität einhergehen. Denn Verbindlichkeit und Verfügbarkeit, die wir schönend „Flexibilität" nennen, stehen sich unvereinbar gegenüber.

Um kontraproduktive Effekte zu vermeiden, muss immer dort, wo beschleunigt und flexibilisiert wird, dafür Sorge getragen werden, dass nicht alles und jedes beschleunigt und flexibilisiert wird. Um die Vorteile, die Erfolge, die man sich von solch einschlägigen Initiativen und Veränderungen verspricht, auch ernten zu können, bedarf es flankierend eines Minimums an Stabilität sichernden Maßnahmen. Verzichtet man auf sie, erhöhen sich die Gefahren zunehmender Verunsicherung, steigender Orientierungslosigkeit und wachsender Unberechenbarkeit.

Wir kennen das aus dem Straßenverkehr. Je stärker beschleunigt wird, desto notwendiger und dringender werden Maßnahmen und Vorrichtungen zur Reduktion der dabei entstehenden Risiken. Sicherheitsgurte gehören ebenso dazu wie Airbags und Seitenaufprallschutz. Den gleichen Zweck erfüllen bei Motorradfahrern Sturzhelme, Sicherheitskleidung und verbesserte Bremssysteme. Es ist paradox: Je beweglicher, je schneller, je flexibler man wird, desto geringer die Bewegungsfreiheit. Nur in gefesseltem Zustand kann man ganz schnell und ganz flexibel sein. Eine ähnliche Stabilisierungsfunktion wie Sicherheitsgurte im Straßenverkehr bieten Routinen und Gewohnheiten in der Arbeitswelt. Auch im Umfeld der Arbeit lässt sich nur relativ gefahrlos beschleunigen und flexibilisieren, wenn man sicher ist und sicher sein kann, dabei weder unterzugehen noch die Orientierung zu verlieren. Routinen und Gewohnheiten bewahren davor; sie abzuschaffen oder zu „bekämpfen" wäre kontraproduktiv und für das Individuum fatal.

Personen mit Führungsaufgaben kann daher nur empfohlen werden, immer dann, wenn es im Betrieb um Initiativen der Flexibilisierung und Beschleunigung geht, darauf zu achten, dass zugleich auch Aktivitäten zur Neuorientierung und zur Stabilisierung in Gang gesetzt werden.

7. Zeit nicht überall und immer in Geld verrechnen

„Zeit ist Geld." Wirklich? Müssten nicht, falls die Formel immer und überall gültig wäre, die Arbeitslosen dann das meiste Geld haben? Wie wir wissen, haben sie viel Zeit – aber viel Geld haben sie nicht. Die Zwangsehe von Zeit und Geld ist eben nicht überall gültig und funktioniert auch nicht allerorten. Zwar können wir Zeit in Geld verrechnen, müssen es aber nicht und tun es aus guten Gründen auch nicht immer und zu jeder Gelegenheit. Würden wir zu jeder Zeit, an jedem Ort und zu jedem Anlass Zeit in Geld verrechnen, dann lebten wir alleine, hätten keine Familien, leisteten uns keine Kinder, keine Kunst und keine Kultur und würden uns weigern, uns um unsere alt gewordenen Eltern zu kümmern. Wir würden nur mit solchen Personen in Kontakt kommen, die uns im Hinblick aufs Geldverdienen nützlich wären. Gegessen würde nur noch Fast Food, geschlafen so wenig wie möglich und notwendig, Liebe gäb's nur noch, um Zeit zu sparen, auf den ersten Blick, und Gedichte nur, weil die Lektüre von Romanen zu lange dauert. Kurzum: Wer alle Zeit in Geld verrechnet, wird alleine leben müssen, seine Gesundheit ruinieren, durch den Alltag hetzen und das Leben von morgens bis abends zu einem Geschäft machen. Wer will das?

Die Gleichung „Zeit ist Geld" ist eben nicht überall gültig. Fruchtbar ist sie nur für die Lebenswelt der Ökonomie. Dort ist sie produktiv, ertragreich und nützlich. Wenige haben das deutlicher formuliert als Karl Marx: „Alle Ökonomie ist Ökonomie der Zeit." Doch selbst im Arbeitsbereich kann man sie nicht dogmatisch anwenden, auch dort ist man gezwungen, elastisch mit ihr umzugehen. Aus guten Gründen schaut man dort nicht ausschließlich auf die Zeit, das Geld und deren Verrechnung. Man nimmt dort auf die Arbeitenden, ihre Lebenssituation, ihre Bedürfnisse und ihre Fähigkeiten Rücksicht, man unterbindet nicht jede spontane Pause, mit und ohne Kaffee, nicht jeden Schwatz auf dem Gang und lässt die Zeit für einen Arztbesuch auch nicht in jedem Fall nacharbeiten. Den Wert eines Mitarbeitergespräches kann man nicht mit dem Zeit-ist-Geld-Lineal messen, wie man das bei getakteter Fließbandarbeit machen kann. Solange Unternehmen nicht vollautomatisiert sind, sind sie ja nicht nur Orte der Arbeit, sondern auch soziale Lebenswelten. Die haben zwar ihren Preis, doch der lässt sich auf kein Preisschild schreiben und nicht in Geld verrechnen. Der Preis des Lebendigen heißt Leben, nicht Geld.

Was in den Personalabteilungen der Betriebe unter „weichen Faktoren" verstanden wird, die Motivation, die Mitarbeiterinteressen, das Engagement, die Kreativität, die Loyalität und die Folgebereitschaft der Beschäftigten, kann nur sehr unvollkommen in Heller und Pfennig berechnet und kalkuliert werden. Nicht zuletzt ist es aus diesem Grund durchaus sinnvoll, nicht auf die traditionelle Bürobesprechung zu Wochenbeginn zu verzichten, obgleich deren Ersatz sich durch den vordergründig kostengünstigeren E-Mail-Verkehr auf den ersten Blick zu „rechnen" scheint. Ein spontan entstandenes Gespräch auf dem Flur trägt nicht selten zu rascherer und besserer Klärung von Problemen und Missverständnissen bei als der scheinbar zeitsparende Mailverkehr zwischen Büronachbarn. Wer über den kurzfristigen Erfolg auch den langfristigen Unternehmensbestand im Auge hat, darf das, was sich nicht problemlos in Geld verrechnen lässt, nicht ignorieren und vernachlässigen.

Erst recht gilt das für diejenigen Lebensbereiche, die dem Zeitspardiktat der Ökonomie nicht oder nur eingeschränkt unterstehen. Das gilt für den Erziehungs- und den Bildungsbereich, die Kultur, die Kunst, das Soziale, die Familie, den Gesundheitssektor und andere gesellschaftlich wichtige Sektoren mehr.

8. Nicht alle gesparte Zeit in neue Beschleunigung investieren

Längst ist die Klage Goethes: „Wir wollen alle Tage sparen, und brauchen alle Tage mehr", zu unserer eigenen geworden. Ob im Arbeits- oder im privaten Leben, weit und breit keine Spur von der gewonnenen Zeit, die uns das Auto und das Flugzeug, der Computer, der Mailverkehr, die wöchentlich upgedatete Software, die Fernsteuerung, die Ruck-zuck-Verschlüsse sowie die Wisch-und-Weg-Techniken, die Moulinex-Küchenmaschine, der Suppenwürfel und die vielen sonstigen kleinen Beschleunigungshelden des Alltags vermeintlich gebracht haben. All die vielen und vielversprechenden Zeitsparerfolge, die wir bejubelt und gefeiert hatten, haben zum Gegenteil dessen geführt, was sie so glaubhaft angekündigt und versprochen hatten. Sie haben erreicht, dass wir heute noch mehr eilen, noch schneller arbeiten, als wir das jemals zuvor getan haben. Wir hetzen noch hektischer durch den Alltag und klagen noch häufiger über den Zustand, keine Zeit zu haben. Obgleich sich doch ein jeder und eine jede darauf verlassen kann, dass Tag für Tag exakt genau so viel Zeit nachkommt wie vergeht.

Es sieht ganz so aus, als würden wir die gesparte Zeit ausschließlich dazu verwenden, noch mehr Zeit zu sparen. Geht das gut, dann macht uns das an Geld reicher und an Gütern wohlhabender. Zufriedener und glücklicher macht es uns jedoch nicht. Ein zeitreiches und erfahrungsvolles, ein erfülltes und glückliches Dasein setzt voraus, was in den allermeisten Fällen unterbleibt, sich nämlich jeweils vor der Entscheidung zum Kauf eines Zeitspargerätes überlegt zu haben, was man mit der gewonnenen Zeit überhaupt zu machen gedenkt, wie man sie in Zeitwohlstandsgewinne umsetzt. Dort, wo Zeit nur um des Zeitsparens willens gespart wird, das Zeitsparen zum Selbstzweck geworden ist, wächst die Zeitnot, steigt der Zeitdruck und die Alltagshetze nimmt weiter zu.

Zeitberater sprechen dann vom „Hamsterrad-Syndrom“ wenn Interessenten beim Kauf eines Gerätes vor allem den Verlockungen dessen vermeintlicher Zeitsparpotenziale erliegen. Dieses anschauliche Sprachbild beschreibt den Sachverhalt, dass die Freude über Zeitgewinne stets nur kurz ist, da sich die Nutzer relativ schnell an das höhere Tempo gewöhnen. Dieses wird zur Normalität, einer, was die Geschwindigkeit der Abläufe anbelangt, Normalität auf erhöhtem Erwartungsniveau. Von diesem erhöhten Erwartungsniveau ausgehend versucht man jetzt wiederum Zeit zu sparen und sieht sich nach einem noch schneller funktionierenden Gerät um. Das nun führt dann nach kurzem Gebrauch wiederum zu einer Zeiterwartungs-Normalität, zu einer höheren jedoch. Ein Ablauf, der sich mit einer nach oben offenen Steigerungsdynamik stetig wiederholt. Vermieden kann der Einstieg in eine derartige Steigerungsdynamik nur, wenn vor der Initiierung zeitsparender Maßnahmen Überlegungen angestellt werden, wie die „gesparte“ Zeit genutzt, was mit ihr gemacht werden soll.

9. Vertreiben Sie die Langeweile nicht!

Die Götter kennen keine Langeweile. Auch Tiere langweilen sich nicht. Allein der Mensch langweilt sich, und das gleich auf zweierlei Art und Weise. Die einen langweilen sich beim Tun oder beim Lassen, die andern, zuweilen aber die gleichen, sehen sich durch ein Geschehen oder eine Person gelangweilt. Sprechen wir von Langeweile, dann beschreiben wir ein spezifisches Verhältnis zum Zeitlichen. Die ursprüngliche, die wörtliche Bedeutung kennzeichnet dieses Spezifische, sie weist daraufhin, dass einem die Zeit lang wird. Eigentlich ist das ein angenehmer, ein durchaus erstrebenswerter Zustand, vorausgesetzt, wir nehmen unsere Klagen ernst, stets zu wenig Zeit zu haben. In Südwestdeutschland spricht man noch heute ab und an von der „Langen Weile," wenn man nach einem Gegenstand, einem Ort oder einer Person Heimweh hat. Und in der Tat, wer sich langweilt, ist sich nicht genug, findet bei sich keine Ruhe und keinen Ort zum ruhigen Verweilen. Sich Langweilende sind mit sich unzufrieden und daher ungeduldig und unzufrieden.

Doch das Problem an der Langeweile ist nicht die Ungeduld, die sie charakterisiert, sondern die Ungeduld, mit der sie zu vertreiben versucht wird. Nicht die leere Zeit und die eigene Leere sind problematisch, sondern die Unfähigkeit, mit der Zeit und sich selbst etwas anzufangen. Deshalb versucht man sie zu vertreiben, sucht nach einem Zeitvertreib. Doch weder die Suche nach einem Zeitvertreib noch der Zeitvertreib selbst – hat man diesen schließlich gefunden – helfen gegen das Gefühl der Langeweile. Sie lenken nur von ihr ab und führen schnurstracks in die nächste Langeweile. Denn mit dem Vertreiben der Langeweile vertreibt man zugleich die Zeit. Zufrieden aber kann man nicht durch das Vertreiben der Zeit werden, sondern nur durch die Einladung der Zeit. Man kann nicht gegen, sondern nur mit der Zeit glücklich und zufrieden werden.

Kurzum, die Langeweile darf nicht vertrieben, sondern sie muss ausgehalten werden. Nietzsche wies darauf hin und schrieb: „Geduld und lange Weile sind jene unangenehmen Windstillen der Seele, welche der glücklichen Fahrt und lustigen Winden vorangeht." Phasen, Situationen der Langeweile sind eine Sache des Durchhaltens und Durchlebens. „Hinter" der Langeweile nämlich öffnen sich die Pforten der Muße, den bunten, zeitsatten Wiesen des Zeitenglücks.

Der Weg aus der Langeweile heraus führt durch sie hindurch. Werden wir praktisch: Vermeiden sollte man in Situationen der Langeweile, den Fernseher einzuschalten. Es empfiehlt sich auch nicht in solchen Situationen, ziellos im Internet rumzusurfen oder schnell mal jemanden anzurufen. Die Suche nach Zerstreuungen und Ablenkungen ist kontraproduktiv. Sie führt nicht weiter, nur tiefer hinein. Besser, Sie machen es sich bequem und schauen der Zeit dabei zu, wie sie vergeht und wie immerzu sogleich neue nachkommt. Im Anschluss daran tun sie nichts, denn alles weitere tut die Zeit dann für Sie.

10. Leben und arbeiten Sie rhythmisch

Zeit ist stets organisierte Zeit. Wir sprechen in diesem Zusammenhang von „Zeitmustern". Zwei von diesen spielen in unserem Zeitleben die Hauptrolle. Zum einen ist das der Takt, den die Uhr und deren Zeit an- und vorgibt, zum anderen das allen Lebewesen von der Natur mitgegebene Zeitmuster des Rhythmus, das dem Zeiterleben und den Zeiterfahrungen des Menschen die Gestalt verleiht. Der durch die Mechanik der Uhr hergestellte Takt teilt alles Werden und Vergehen, alles Zeitliche, in abstrakte, zählbare und regelmäßige Maßeinheiten ein. Takt, das ist die exakt gleiche Wiederholung, Repetition **ohne** Abweichung. Sekunden, Minuten und Stunden sind jeweils gleich lang. Der Takt ist ein mechanisches Zeitmuster. Er ist das Zeitmuster von Maschinen, also ein „totes" Zeitmuster. Lebendigkeit spielt sich jenseits des Taktes ab. Der Takt vollzieht sich unabhängig von all jenem, was sich außerhalb der Maschine abspielt. Er nimmt keine Rücksicht auf die lebendige Mit- und Umwelt, ignoriert sie. Das taktförmige Zeitmuster der Uhr reagiert weder aufs Wetter noch auf Helligkeit oder Dunkelheit oder auf Stimmungen und Gefühlslagen jener Personen, die sie in der Hosentasche oder am Handgelenk tragen.

Anders hingegen der Rhythmus. Er ist der rote Zeitfaden im Teppich des Lebendigen. Für das Naturwesen Mensch, für sein Fühlen, seine Wahrnehmung, sein Erleben; kurzum, sein gesamtes Werden und Vergehen, Tun und Lassen ist der Rhythmus das seiner Existenz Gestalt verleihende prägende Zeitmuster. Bekannt sind uns viele verschiedene Rhythmen, unter anderem kennen wir den Rhythmus des Herzschlags, den des Pulses, den der Atmung, die rhythmisch gesteuerte Ausschüttung der Hormone und andere Rhythmen mehr. Manche von ihnen sind mehr oder weniger gut erforscht, andere von ihnen entdeckt, aber noch nicht genauer untersucht, eine unbekannte Zahl noch nicht einmal entdeckt. Unbestritten jedoch ist, dass der Mensch aus seiner rhythmischen Zeitnatur nicht ausbrechen kann und sie auch nicht, wie einen Hut an der Garderobe, bei Bedarf einfach mal abgeben kann. Leben, also auch das des Menschen, ist ausschließlich als rhythmisches Leben möglich. Wo dieser Sachverhalt geleugnet oder ignoriert wird, droht den Menschen die zeitliche Obdachlosigkeit.

Herausragendes Kennzeichen des Zeitmusters „Rhythmus" sind seine elastischen, unscharfen, fließenden Wiederholungen. Sie erlauben es Lebewesen, so auch dem Menschen, sich an wechselnde Belastungen, Umwelteinflüsse sowie an externe und interne Entwicklungen anzupassen. Rhythmen sind flexibel, Takte hingegen sind starr. Typisch für rhythmische Verläufe sind die Jahreszeiten, die sich in unseren Breiten jährlich wiederholen, jedoch niemals so wie im Jahr zuvor wiederkehren. Rhythmus, das ist Wiederholung **mit** Abweichung.

Ein nicht unerheblicher Teil jener Probleme, die wir Gesundheitsprobleme nennen, das trifft vor allem auf Schlafstörungen und Herz-Kreislauf- Krankheiten zu, doch auch ein nicht unerheblicher Anteil jener ökologischen Problematiken, die uns gegenwärtig beschäftigen, sind die Folgen von Rhythmusstörungen. In vielen Fällen resultieren sie aus überzogenen, unabgestimmten Eingriffen in die rhythmischen Zeitmuster der inneren und der äußeren Natur. In einer von vielerlei Techniken überfüllten Welt fällt es den Zeitgenossen immer schwerer, die

Verbindung zu den ihnen von der Natur mitgegebenen Rhythmen aufrechtzuerhalten.

Im Hinblick auf den Erhalt der Gesundheit und des Wohlergehens empfiehlt es sich, auf die Rhythmizität des Körpers zu achten, um sich, was das Zeithandeln betrifft, so weit wie möglich an dieser auszurichten. Der Arbeitsrhythmus ist dabei ebenso angesprochen wie der Wach-/Schlaf-Rhythmus, die Pausen- und Ruhezeiten genauso wie die Essensgewohnheiten. Wo die biologischen Rhythmen hingegen missachtet werden, aus welchen Gründen und Zwängen auch immer, wie zum Beispiel bei der Schichtarbeit, wurden bei den Betroffenen gesundheitliche Schäden nachgewiesen.

Arbeitsmediziner und Chronobiologen empfehlen daher, sowohl die Arbeit als auch die Freizeit möglichst in rhythmischer Form zu organisieren, also beiden Lebenswelten Regelmäßigkeiten zu verleihen. Der Flexibilisierung der Arbeits- und Lebensverhältnisse sind hierdurch Grenzen gesetzt. Ein rundum flexibilisierter Alltag, ein Alltag ohne Wiederholungen, ohne Routinen und ohne Regelmäßigkeiten belastet nicht nur Körper und Geist über die Maßen, er gefährdet auch das soziale Leben, insbesondere den Familienzusammenhalt. Gerade Familien können nicht auf ein Minimum an Stabilität, Berechenbarkeit und sich rhythmisch wiederholende Ereignisse verzichten. Sollen sie langfristigen Bestand haben, sind sie auf ein Umfeld angewiesen, das nur in Grenzen flexibilisiert ist. Das gilt auch für die Arbeitsfähigkeit und die Arbeitsproduktivität eines Teams, einer Gruppe, einer Abteilung, da auch diese sich in rhythmischer Form entwickeln und formieren. Regelmäßige gemeinsame Sitzungen und Treffen stellen dafür die notwendigen Bedingungen her. Rhythmisches Leben zahlt sich auch ökonomisch aus. So spart zum Beispiel eine rhythmische Lebens- und Arbeitsorganisation Energie und ist nachhaltig. Sie stabilisiert Menschen und Systeme, verleiht Orientierung, steigert die Kalkulierbar- und die Erwartbarkeit und reduziert sowohl den Entscheidungsdruck als auch die Entscheidungsfülle.

Und noch etwas:
Schön, Sie haben sich entschlossen, vom Gas zu gehen, langsamer zu machen, wollen öfter mal Pausen einlegen, sich mehr Zeit nehmen und gesünder leben. Und Sie haben sich vorgenommen, damit in naher Zukunft zu beginnen. Gut so! Doch alle wollen immer, wenn's um Veränderungen geht, in naher Zukunft damit beginnen – und fast keiner macht's sofort. Wer aber nicht sofort damit beginnt, tut's ein Leben lang immer in naher Zukunft – und, wie man aus Erfahrung weiß, heißt das „nie"! In afrikanischer Lesart: Worte sind schön – aber Hühner legen Eier.

Nichts gegen die Zeit,
aber irgendwann
muss das Buch ja mal
zu Ende gehen.

Wie enden, wenn ...

Zeit – und immer wieder die Zeit. So viel man auch darüber nachdenkt, schreibt oder spricht, man gelangt nie zu einem Ende. Es ist nun mal so, dass man sich, wenn's um Zeit geht, auf glitschigem, abschüssigem Gelände bewegt. Es geht dabei nicht nur um Fakten und Erkenntnisse, sondern ebenso, und zuweilen hauptsächlich, um Fragen des Glaubens, um Vorlieben, Wünsche und Vorstellungen. Und das ist auch der Grund, weshalb man am Thema „Zeit" letztlich nur scheitern kann. Was dieses Scheitern aber so attraktiv macht, ist die Hoffnung, dabei immer besser zu scheitern.

Der Vorhang bleibt beim Thema „Zeit" immerzu offen. Für die Zeit hat man nie genug Zeit. Und das ist der Grund, weshalb auch Zeitforscher keine Zeit haben, aber dafür, dass das so ist, haben sie zumindest ganz gute Erklärungen. Da man also mit der Zeit niemals zu einem befriedigenden Ende kommt, bleibt einem nichts anderes übrig, als mit ihr Schluss zu machen. Mal tut man das aus Erschöpfung, mal hat man was Besseres zu tun und ein andermal bricht man das Nachdenken und Nachforschen ab, weil man durch Termine, Verbindlichkeiten, liebe und weniger liebe Menschen dazu genötigt wird, sich jetzt mal um etwas anderes zu kümmern. Ja, und dann gibt's da noch Verlage, die Seitenvorgaben und Drucktermine haben und die „Schluss jetzt!" sagen.

Wie aber mit der unendlichen Geschichte „Zeit" Schluss machen? Eine knifflige Frage und eine noch kniffligere Angelegenheit. Ist es doch schon schwer genug, beim Thema „Zeit" einen guten Anfang hinzukriegen. Zu Ende ist man mit der Zeit immer erst, wenn die Zeit mit einem zu Ende ist. Doch es könnte auch sein, dass sich erst, wenn sich die Zeit davongemacht hat, die Gelegenheit auftut, sie wirklich zu verstehen. Dann nämlich bietet sich die Chance, aus der Perspektive der Ewigkeit einen Blick auf sie werfen zu können. Obgleich schon relativ viele Menschen die Möglichkeit hatten, dies zu tun, gibt es dahingehend aus erster Hand bisher weder Berichte noch irgendwelche brauchbaren Erkenntnisse. Niemand ist bisher aus der Ewigkeit ins Zeitleben zurückgekehrt und hat uns Auskunft darüber gegeben, wie sich die Zeit im Zustand der Zeitlosigkeit präsentiert. Die Neugier, es möglichst bald selbst in Erfahrung zu bringen, hält sich in Grenzen. Aus nachvollziehbaren Gründen gibt man sich dann doch mit der eigenen Beschränktheit in Sachen „Zeit" zufrieden.

Zeit, daran ist nun mal nicht zu rütteln, ist eine Sache von Leben und Tod. Zeitfreiheit ist eine Illusion. Umfassende Zeitsouveränität ein Mythos, der von Romantikern und Idealisten aufrechterhalten wird. Der Tod hat bisher alle, die an ihre Zeitsouveränität glaubten, von dieser Illusion geheilt. Ohne jemals gefragt worden zu sein, werden wir in die Zeit gesetzt und nach einer gewissen Zeit, die wir „Leben" nennen, werden wir dann, auch in diesem Fall ist unsere Zustimmung nicht gefragt, aus der Zeit wieder herausgeschubst. Das klingt tragisch, sollte uns aber nicht davon abhalten, an der Zeit und der eigenen Zeitlichkeit Spaß zu haben, zumal alles darauf hinweist, dass die Zeit ja auch ihren Spaß mit den Menschen hat. Wie sonst ließe sich erklären, dass sie es – wie immer, im Laufe der Zeit – fertigbrachte, aus Mozart eine Kugel, aus Napoleon einen Cognac und aus Bismarck einen Hering werden zu lassen? Die Zeit heilt eben nicht nur alle Wunden, sie unterhält uns auch mit allerlei Wundern.

Wer über Zeit schreibt, liest und nachdenkt, tut dies in den meisten Fällen, um sich übers Leben Gedanken zu machen, in erster Linie übers eigene. Solange man auf ein glückliches, zumindest ein zufrieden machendes und zufrieden stellendes Leben Anspruch erhebt und der Überzeugung ist, selbst etwas dazu beitragen zu können, kommt man nicht umhin, über Zeit nachzudenken, sie zu betrachten, über sie zu reden oder auch über sie zu schreiben. Das ist verständlich und vernünftig. Wenig vernünftig aber ist es, dabei stehen zu bleiben und das Zeitliche, gelehnt an den Strom der Zeit, stets nur zu betrachten. Das gute Leben ist keine Sache des Nachdenkens, keine des Beobachtens und auch keine des Abwägens, es ist eine der Lebenskunst, jener Meisterschaft, in der Friedrich Schiller die höchste aller Künste sah. Wie jene, die über ihren Schlaf nachdenken und nicht zum schlafen kommen, so auch sind diejenigen nicht in der Lage, die Zeit in ihrer Fülle zu leben und zu genießen, die sich ohne Unterlass mit ihr beschäftigen und sich stets nur Gedanken über sie machen. Man wird nicht glücklicher, indem man ein Buch darüber liest, wie man glücklicher wird. Die Fragen, die man an die Zeit hat, muss man leben. Zwischen dem Wissen über Zeit und dem kompetenten Umgang mit ihr spannt sich nur eine schmale, äußerst wacklige Hängebrücke. Über die muss man drüber. Anders geht's nicht weiter und „vielleicht“, so Rilke, „leben Sie dann allmählich, ohne es zu merken, eines fernen Tages in die Antwort hinein“, und zwar in die Antwort auf die Frage, was Zeit eigentlich ist.

Du bist die Zeit – beweis es!

Literaturempfehlungen

Adam, Barbara, Karlheinz A. Geißler & Martin Held (Hrsg.): Die Nonstop-Gesellschaft und ihr Preis. Stuttgart 1998.
Aveni, Anthony: Rhythmen des Lebens. Eine Kulturgeschichte der Zeit. Stuttgart 1991.
Blumenberg, Hans: Lebenszeit und Weltzeit. Frankfurt am Main 1986.
Borst, Arno: Computus – Zeit und Zahl in der Geschichte Europas. Berlin 1990.
Dohrn van Rossum, Gerhard: Die Geschichte der Stunde. München/Wien 1992.
Elias, Norbert: Über die Zeit. Frankfurt am Main 1984.
Foucault, Michel: Überwachen und Strafen. Frankfurt 1976.
Geißler, Karlheinz A.: Wart' mal schnell. Minima Temporalia. Stuttgart/Leipzig 2002.
Geißler, Karlheinz A.: Alles hat seine Zeit, nur ich hab keine. München 2011.
Geißler, Karlheinz A., Klaus Kümmerer & Ida Sabelis (Hrsg.): Zeit-Vielfalt. Wider das Diktat der Uhr. Stuttgart 2006.
Levine, Robert: Eine Landkarte der Zeit. Wie Kulturen mit Zeit umgehen. München/Zürich 1997.
Mayer, Mathias: Die Kunst der Abdankung. Würzburg 2001.
Rosa, Hartmut: Beschleunigung. Die Veränderung der Zeitstrukturen in der Moderne. Frankfurt am Main 2005.
Schneider, Manuel & Karlheinz A. Geißler (Hrsg.): Flimmernde Zeiten. Vom Tempo der Medien. Stuttgart 1999.

Mehr Informationen und Hinweise zum Thema sowie zu Publikationen von Karlheinz A. Geißler unter:
www.timesandmore.com

Quellen

Der Angriff auf Raum und Zeit
Überarbeitete Fassung von: Der Angriff auf Raum und Zeit. In: DAS PARLAMENT Nr. 34 vom 20.8.2007, Beilage: Aus Politik und Zeitgeschichte, Seite 33–38

Zeitzeuge: Der Sonntag
Bearbeitete Fassung von: Das Internet kennt keine Pausen. In: Rheinischer Merkur Nr. 48/2009, Seite 3

Schnelles Geld
Überarbeitete Fassung von: Schnelles Geld. In: Universitas 65, März 2010, Seite 274–288

Enthetzt Euch!
Überarbeitete Fassung von: Enthetzt Euch! In: Universitas 67, Januar 2012, Seite 5–29

Zeitzeuge: Das Moratorium
Überarbeitete Fassung von: Das Moratorium – Vom Wiederentdecken einer verloren geglaubten Tugend. In: Universitas 66, Juli 2011, Seite 76–82

Leben ohne Zeitverlust
Überarbeitete Fassung von: Leben ohne Zeitverlust? Eine Gewinnwarnung (Essay). In: Psychologie Heute 34, September 2007, Seite 20–25

Zeitzeuge: „Zwischen den Jahren"
Überarbeitete Fassung von: Was tun Sie zwischen den Jahren? (Interview) In: Q-Magazin, Dezember 2010, Seite 30–31